Trends, Dessins und Wohnideen

Tapete

Charlotte Abrahams

Trends, Dessins und Wohnideen

Tapete

Charlotte
Abrahams

Callwey

Für George, Hamish und Padd
in Liebe und Dankbarkeit

INHALT

Einführung

Die Tapete, derzeit das Nonplusultra des Wohndesigns, blickt auf eine sehr wechselhafte Geschichte zurück. Vor zehn, vor achtzig und auch schon einmal vor 140 Jahren war die tapezierte Wand vollkommen passé. Heute aber erlebt sie einen Höhenflug wie zuletzt im 18. Jahrhundert. Diese Popularität verdankt die Tapete vor allem zwei Ursachen: neuen technischen Möglichkeiten und unserem nie versiegenden Bedürfnis, unsere eigenen vier Wände zu schmücken.

Die Tapete wurde nicht plötzlich erfunden, sondern sie entwickelte sich eher zögerlich, beeinflusst durch zahllose äußere Umstände – bis hin zu Sondersteuern und Kriegen, die die Handelswege blockierten und die Produktion ins Stocken geraten ließen.

Wandbespannung aus Leder war in Spanien bereits seit dem 9. Jahrhundert bekannt und verbreitete sich im Laufe des 16. Jahrhunderts in ganz Europa. Schon damals war auch handbedrucktes Papier in Gebrauch, und zwar Holzdrucke sowie mit Holzmodel bedruckte, sogenannte Bunt- oder Dominopapiere. Selbst so berühmte Meister wie Albrecht Dürer oder Albrecht Altdorfer schufen Holzschnitte zur großflächigen Wanddekoration. Bei Dominopapier handelte es sich um Einzelblätter, nicht selten wiederverwendete Buchseiten, die mit einfachen Mustern bedruckt wurden, auch Holzimitat war sehr verbreitet. Das Format der etwa 30 x 36 cm großen Bögen ging auf die Größe der Schöpfrahmen der Papierherstellung zurück, und sie wurden vorzugsweise zum Ausschlagen von Truhen und Kästen verwendet. Sollten die Blätter an der Wand befestigt werden, so leimte man sie zunächst auf eine Stoffbahn, um diese dann auf Rahmen zu spannen und vor der Wand zu montieren. Eines der frühesten bekannten Exemplare von aufgeklebtem Wandpapier wurde um 1509 im Christ's College im englischen Cambridge verwendet.

Buntpapiere waren aufgrund ihres Formats als Wandverkleidung auf die Dauer jedoch unpraktisch. Um überhaupt eine Zukunft zu haben, mussten die Dominos verbunden werden. Um 1700 tauchten die ersten Bahnen auf, zusammengesetzt aus zwölf Blättern. Dies war der Beginn der großformatigen Rapporte, also unendlich wiederholter identischer Ornamente, die sich zu einem Muster fügen. Bahnen markierten auch einen Wendepunkt in der Rezeption der Tapete: Aus dem günstigen Imitat wertvoller Materialien wurde ein Statussymbol. In England stieg die Nachfrage so stark an, dass Queen Anne ab 1712 eine Luxussteuer auf Tapeten erhob. In gewisser Weise war das 18. Jahrhundert das Goldene Zeitalter der Tapete. Bei den wohlhabenden Bürgern waren die sorgfältig von kundigen Handwerkern hergestellten Wandbekleidungen hoch begehrt, selbst in den elegantesten Häusern waren sie zu finden. Sehr populär waren Velourstapeten, für die einfaches Papier mit Wollstaub beflockt wurde. Muster entstanden dabei durch die Verwendung von Schablonen. England war von Anfang an führend in der Tapetenherstellung – um 1800 waren bereits rund 150 Buntpapiermacher auf der Insel tätig –, unmittelbar gefolgt von Frankreich. Deutsche Manufakturen entstanden im letzten Viertel des 18. Jahrhunderts, die berühmteste gründete 1789 Johann Christian Arnold in Kassel. Die Hauptkundschaft fand sich unter der wachsenden Schicht der Kaufleute: Die Tapetenmuster imitierten die edlen Wandbehänge und fein gearbeiteten Holzvertäfelungen bei Hofe.

Der Handel mit dem Fernen Osten löste eine Begeisterung für alles Orientalische aus, darunter extravagante, in kräftigen Farben gehaltene Pekingtapeten, die speziell für den Handel mit Europa gefertigt wurden. Dargestellt waren vielfigurige Szenerien, die sich aus einer ganzen Reihe von Bahnen zusammensetzten. Andererseits war es auch üblich, nur einzelne Wand- oder Deckenfelder mit Tapete zu bekleben. In Frankreich war der Königliche Hoflieferant Jean-Baptiste Réveillon auf die Herstellung farbiger Papiere für den Adel spezialisiert, die mittels Holzmodeln mit klassischen Motiven wie Vasen, Blumen und Vögeln bedruckt wurden und zur Dekoration einzelner Decken- oder Wandfelder dienten. Seine Manufaktur war ein Wegbereiter der überaus aufwendig – mit teils weit über 1000 Holzmodeln – produzierten Panoramatapete, die weite Landschaften in die Räume holte und kaum noch als Druck zu erkennen waren. Amerika hatte zu dieser Zeit noch keine eigene Tapetenindustrie, war jedoch passionierter Abnehmer dieser Produkte; in der höheren Gesellschaft wurde es üblich, englische Tapeten als Brautgeschenk zu überreichen.

Der nächste technische Entwicklungsschritt vollzog sich Ende des 18. Jahrhunderts. Bisher hatte man die Einzelblätter nach dem Bedrucken zu Rollen verbunden, wodurch der Rapport auf die Größe des alten Dominopapiers beschränkt blieb. Um 1800 wurde das Endlospapier entwickelt. 1839 patentierte Potters & Ross, ein britischer Hersteller von Kalikodrucken, die erste kommerziell erfolgreiche Tapetendruckmaschine. Das Papier lief über einen großen zentralen Zylinder, während gravierte Metallrollen das mehrfarbige Muster auftrugen. Ästhetisch blieb das Ergebnis der Rotationsdrucke weit hinter dem der Handdrucke zurück. Was hier zählte, war die Quantität: Im Jahr 1834 produzierte die britische Tapetenindustrie 1.222.753 Rollen Buntpapier. 1851, nur zehn Jahre nach dem ersten Verkauf maschinengedruckter Tapeten, war diese Zahl auf 5,5 Millionen angestiegen, 1874 lag sie bereits bei 32 Millionen. Diese Produktionssteigerung machte sich vor allem bei den Kosten bemerkbar: Die Tapete als Raumausstattung war demokratisiert worden.

Der Maschinendruck ließ nicht nur die Produktion in die Höhe schnellen – er wirkte sich auch auf die verwendbaren Muster aus. Der Handdruck lieferte zwar die kräftigeren Farben, dafür ermöglichte die neue Technik kleinteilige Muster in bislang unerreichbaren Formaten. In Frankreich erfreuten sich Papiere größter Beliebtheit, die mit Trompe-l'œil-Draperien kostbarer Stoffe bedruckt waren. Britische Hersteller brillierten dank der Mechanisierung mit fast fotorealistischen Blumendrucken. In Frankreich und Deutschland wurde der Prägedruck im großen Stil für die Tapetenherstellung eingesetzt, und es entstanden beeindruckende farbig gedruckte Stickerei- oder Lederimitationen.

Nicht überall fand die billige, die Wirklichkeit imitierende neue Tapete Anklang. Für Reformer wie A. W. N. Pugin und den tonangebenden Ornamentspezialisten Owen Jones waren sinkende Preise gleichbedeutend mit geringerem Anspruch. Naturalistische Motive waren für sie eine einzige große Designlüge. Wände seien flach und sollten daher mit Mustern bedeckt werden, die diese Zweidimensionalität nicht überspielten, sondern betonten. So hielten einerseits historisierende architektonische Motive Einzug in die Tapetenwelt – gotische Spitzbögen und maurische Ornamentik waren besonders gefragt –, andererseits wurden florale Muster durch die nachfolgende Arts-and-Crafts-Bewegung aufgegriffen und stark stilisiert. Hier sind bereits die Farbigkeit und vegetabilen Formen erkennbar, die den Jugendstil kennzeichnen sollten. Zugleich sorgte diese konservative Haltung dafür, dass die Technik des Handdrucks erhalten blieb, denn die Ablehnung moderner Formen ging mit dem Widerstand gegen maschinelle Produktion einher. Dass dieser gehobene Anspruch nur für Besserverdienende zu erfüllen war, übersahen die Prediger des guten Stils. In dieser Hinsicht unterschieden sich ihre Kollegen im deutschsprachigen Raum: Der Werkbund – die 1907 in München von namhaften Gestaltern wie Josef Hoffmann und Peter Behrens gegründete Vereinigung zur Förderung erschwinglichen Gebrauchsdesigns – trat für die massenhafte Produktion moderner, schnörkelloser und funktionaler Einrichtung ein, darunter auch Papiertapeten in stark geometrischen, formalen Designs.

Seit Beginn des 20. Jahrhunderts muss sich die Tapete gegen die Alternative des (farbigen) Anstrichs behaupten. Als besonders erfolgreich erwies sich dabei zunächst die Bauhaus-Tapete, die, einfarbig strukturiert (die Mitte des 19. Jahrhunderts erfundene Raufasertapete war auch in Weimar und Dessau sehr beliebt) oder aber in helltoniger Musterung, die architektonische Wirkung von Räumen zur Geltung brachte anstatt sich als Dekoration in den Vordergrund zu drängen. Daran konnte das Design der 1950er-Jahre anknüpfen, das stark von der Linearität der neuen Architektur geprägt war. In Amerika wurden Architekten wie Frank Lloyd Wright um Tapetenentwürfe gebeten, und die britische Firma Sanderson lancierte die Kollektion Palladio, eine abstrakt gemusterte, speziell auf Architekten abzielende Serie. Vor allem aber konzentrierte sich die Industrie auf die Herstellung billiger, pflegeleichter Tapeten wie die erstmals 1947 auf den Markt gebrachte abwischbare Vinyltapete. Die Produkte sollten sich leicht hängen lassen – ab den 50er-Jahren gab es vorgekleisterte Tapeten für den Heimwerkermarkt – und wenig kosten.

Als Ende der 1990er-Jahre sogar die breite Masse begann, minimalistische, gestrichene Wände der Gestaltung mit Tapete vorzuziehen, gab es jedoch auch Designer, die das Wandpapier für das 21. Jahrhundert neu erfanden. Künstler entwickelten mithilfe der Digitaltechnik ausdrucksstarke Gestaltungen, wie man sie zuletzt bei den französischen Landschaftstapeten des ausgehenden 19. Jahrhunderts gesehen hatte.

Heute erfährt die Tapete eine echte Renaissance. Sie spielt mit sämtlichen historischen Stilen und Techniken, von der Velourstapete bis hin zum Toile de Jouy, und zwar für jedes Budget. Manche Tapeten täuschen ein fremdes Material vor – Ziegelwand, Waldlichtung oder Aktenschrank –, anders als früher werden solche Imitationen heute jedoch mit einem Augenzwinkern eingesetzt und nicht als sicheres Zeichen moralischen Verfalls gedeutet. 500 Jahre nach ihrem ersten Auftreten ist die Tapete eine anerkannte Kunstform und zugleich eine fantastische Möglichkeit, um einen Raum für wenig Geld rundum zu erneuern.

Grafische Muster

Tapeten haben schon immer Illusionen geschaffen – schließlich verdanken sie ihre Existenz dem Wunsch der Mittelklasse nach einer preisgünstigen Alternative zu den Wandbehängen, Holzvertäfelungen und architektonischen Details aristokratischer Häuser. Die erste Tapete, die Stuck imitierte, wurde Ende des 17. Jahrhunderts in England produziert, doch einen eigenen Rang eroberten solche architektonisch inspirierten Wandbeläge erst Mitte des folgenden Jahrhunderts. Ausschlaggebend war dabei die überwiegend schlichte Bauweise der Häuser, deren Bewohner sich jedoch Vertäfelungen, Sockel und Zierleisten wünschten. Zu den führenden Herstellern zählte der Franzose Durolin, der unter anderem Säulen, Gesimse und Architrave zum Ausschneiden anbot – frühe Vorläufer heutiger Wand-Tattoos.

Zwei Stilarten dominierten damals: neugotische Architekturformen und die Säulenarkadentapete. Der gotische Stil war in England, Frankreich und Deutschland beliebt. Die zunächst einfachen, realistischen Abbildungen von Mauerwerk entwickelten sich immer weiter, bis in den 1820er-Jahren schließlich fantasievolle Ansichten von Ruinen und Statuen aktuell wurden, die zum Teil ohne jede Rücksicht auf Stil und Proportion angebracht wurden.

Die Säulenarkadentapete mit ihren kunstvollen Bögen und imposanten Skulpturen war eine vornehmlich britische Angelegenheit. Künstlerisch ebenso interessant wie beeindruckend, war sie aufgrund der verzerrten Perspektive an der Wand kaum zu ertragen. Zum Glück für die Hersteller fand die Tapete jedoch großen Beifall – in Amerika erlangte der Stil regelrechten Kultstatus.

Mitte des 19. Jahrhunderts gerieten diese offen imitierenden Tapeten unter Beschuss durch die Reformbewegung im Design, die das Genre aufs Schärfste als unehrlich kritisierte und flächige Muster forderte, die das Zweidimensionale der Wand unterstrichen, statt es zu kaschieren. Der Trend waren nun betont flächige, grafischen Muster – und der hält sich bis heute. In den 1930er-Jahren beispielsweise wurden die Muster von der europäischen Moderne aufgegriffen – auch von Le Corbusier, dem Erzfeind des Dekorativen. Nach dem Krieg erfreuten sich geschwungene kalligrafische Linien in Verbindung mit kleineren abstrakten oder geometrischen Motiven großer Beliebtheit.

Heute zählen die grafischen Muster zu den interessantesten Ausdrucksformen auf dem Markt. Die stark gefragten Entwürfe kommen besonders gut bei Menschen an, die des Minimalismus überdrüssig sind, aber ungern die klare Schlichtheit einer leeren Wand aufgeben wollen. Die auf grafische Drucke spezialisierte Tapetendesignerin Natasha Marshall führt die anhaltende Attraktivität schlichter Formen auf ihre bleibende Aktualität und Vielseitigkeit zurück: „Grafische Tapeten ergänzen die Architektur eines Raumes, bringen sie zur Geltung und halten sich doch im Hintergrund. Und sie sind vollkommen zeitlos."

STRUKTURTAPETEN

Der strukturierte Wandbelag, der im 20. Jahrhundert zum Liebling aller Besitzer unebener Wände avancieren sollte, tauchte erstmals in den 1840er-Jahren in Gestalt von Prägetapeten auf. Mit einer neuen Technik wurde dem Papier mit Druckstöcken, -platten oder Walzen unter starkem Druck eine Struktur verliehen. Der Franzose Paul Balin produzierte auf diese Weise bereits 1860 erstaunlich realistische Imitationen von Seide und bestickten Stoffen. Drei Erfindungen der folgenden Jahrzehnte jedoch katapultierten die Relieftapete aus ihrer Nische und machten sie zum Must-have des Massenmarkts.

Der erste große Erfolg war die Linkrusta-Tapete aus dem Jahr 1877, eine Entwicklung von Frederick Walton, dem Erfinder des Linoleums. Für diesen Wandbelag wird eine pastose Mischung, die überwiegend aus verfestigtem Leinöl (Linoxyn) besteht, auf eine Trägerschicht plastisch aufgetragen. Nach einigen Jahren setzte Walton statt der ursprünglichen Leinentextur als Trägermaterial Papier ein, eine ganz entscheidende Veränderung. Das leichte, wasserabweisende Produkt wurde Linkrusta getauft. Es erfüllte die Hygieneanforderungen von Krankenhäusern und war sogar fest genug für die Verwendung in Eisenbahnwaggons. Doch es war nicht nur für den öffentlichen Raum geeignet, sondern ebenso für die Privatwohnung. So versah der Wandbelag, der weitaus billiger war als echter Stuck, die flachen Wände und Decken in den Korridoren und Speisezimmern der gehobenen Mittelschicht mit einem gewissen architektonischen Glamour.

Anaglypta, 1886 von T. J. Palmer entwickelt, ermöglichte bald auch weniger Betuchten das Experimentieren mit Relieftapeten. Während Linkrusta ein Verbundmaterial aus Papier mit einer plastischen Schicht war, wurde bei der Anaglypta bereits die Masse in der Papiermaschine mit Reliefdruck versehen. Diese Herstellungsmethode war nicht nur einfacher und somit kostengünstiger, sondern der strukturierte Wandbelag war unglaublich leichtgewichtig und zugleich einfach zu handhaben. Anaglypta war vom ersten Moment an erfolgreich. Bereits vor der Jahrhundertwende gingen bei der Firma Potters, die seit 1894 die Herstellung betrieb, täglich über 100 Bestellungen ein.

Der dauerhafte Erfolg der Strukturtapete war garantiert, als sich der britische Manufakturgigant Sanderson 1911 ein Patent für die erste Tapetenprägemaschine sicherte. Mit Prägewalzen gestaltete er nun dreidimensionale Tapeten für einen Bruchteil des Preises von Linkrusta und Anaglypta. Da sich die Wohnungen inzwischen dank des elektrischen Staubsaugers und der Elektroheizung, die den Kohleofen ablöste, wesentlich einfacher sauber halten ließen, brachte Sanderson seine Wandbeläge in diversen hellen, frischen Farben heraus. Der Markt reagierte prompt: In den Vorstädten der 1920er-Jahre waren pastellfarbene Prägetapeten der große Renner.

Ideen

Stofftapeten in Graubeige und Velourstapete mit anstrengenden Mustern sind passé – die Strukturtapete von heute ist elegant (echtes Leder!), innovativ (kristallbesetztes geschmeidiges Material, das sogar Ecken mitmacht) und glamourös (überdimensionierter Veloursdruck in glühenden Farben). Nicht alle sind allerdings unkompliziert: Zu der manchmal schwierigen Entscheidung für die richtige Wand gesellt sich beim Holzimitat ebenso wie bei der Gras- oder der Velourstapete das Problem der Anbringung. Profis empfehlen Spezialkleister, eine Lammfellrolle zum Andrücken und besondere Vorsicht, denn Kleistertropfen lassen sich von diesen Materialien nicht abwischen. Den Aufwand ist das Ergebnis aber wert: Strukturtapeten sind der vielseitigste Wandbelag überhaupt.

METALLTAPETEN

Innovativ sind Metallictapeten, die Urbanität ausstrahlen. Die glänzende Oberfläche erweitert den Raum optisch und ist perfekt in Verbindung mit kleinteiligen Mustern. Selbst wenn alle vier Wände mit diesem Material gestaltet werden, fühlt man sich nicht eingeengt. Metalltapeten lassen Raum für eine fantasievolle Möblierung: Investieren Sie in glänzende Möbelstücke, die die Lichtreflexe der Wand aufnehmen. Dennoch wohlig wird der Raum mit einem Langflor-Teppich.

VELOURS

Velourstapeten waren einst den Reichen vorbehalten, sind aber durch Fortschritte in der technischen Produktion heute recht preisgünstig und stehen ihren handgemachten Vorläufern in nichts mehr nach. Achtung im Flur und ähnlich stark frequentierten Räumen der Wohnung: Hier wird die empfindliche Beflockung leicht zerdrückt, ist also nicht das Material der Wahl.

Understatement gibt es bei der Velourstapete nicht. Es dominieren überdimensionierte Damastmuster und extravagante barocke Schnörkel. Die Farben sind überwiegend kräftig und leuchtend – aktuelle Favoriten sind Mandelgrün und Neonpink. Ganz neu sind architektonische und geometrische Muster. Die Hersteller werden immer verwegener und erfinderischer, was die Motive betrifft.

Beschränken Sie eine solche plakative Wanddekoration am besten auf eine einzige exponierte Fläche. Auf einer großen Wand, die nicht durch bauliche Details unterbrochen ist, sieht ein extravagantes Design am besten aus; durch Fenster und Türen wird die Aufbringung zudem unnötig kompliziert. Lassen Sie die übrigen Wände eher in den Hintergrund treten, indem Sie dort Textur und Farben der Hauptattraktion ganz zurückhaltend aufnehmen.

Wie das Schlafzimmer oben jedoch beweist, kann eine Velourstapete auch bei raumfüllender Verwendung fantastisch wirken. Den Erfolg garantiert dabei das klare Bekenntnis zum starken Auftritt – halbherzige Opulenz funktioniert nicht. Seien Sie also mutig, staffieren Sie Ihren Raum mit Kristalllüstern, Spiegeln und Bergen prachtvoller Kissen aus. Nur beim Farbschema ist Zurückhaltung angesagt: Beschränken Sie sich auf einen einzigen Farbton, damit die Gestaltung diesseits der Grenze zum Kitsch bleibt.

COLE & SON

Die britische Firma Cole & Son, 1873 als John Perry Ltd gegründet, wurde durch den Einsatz diverser innovativer Herstellungsverfahren berühmt. Als ihr größtes Verdienst jedoch gilt John Perrys Entscheidung in den Anfangsjahren, die Produktion der Velourstapete wieder aufzunehmen.

Erfunden wurde diese Fertigungsart 1680 in Holland als Imitation der damals unter der Aristokratie verbreiteten belgischen Tapisserien. In ganz Europa erfreute sich die „Sammettapete" größter Beliebtheit, denn in ihrer Opulenz glich sie geschnittenem Prägesamt. Sie war die perfekte Wandbekleidung für die wachsende Schicht der Bürger, die textile Bespannungen bevorzugt hätten, jedoch nicht über die nötigen Mittel verfügten.

Die Velourstapeten von Cole & Son wurden vollständig per Hand hergestellt. Das Verfahren war ebenso einfach wie zeitaufwendig und gefährlich – nicht wenigen Arbeitern wurde der eingeatmete Wollstaub zum Verhängnis. Mittels eines Holzmodels wurde mit Leim ein Muster aufgetragen, dann wurde die Bahn durch einen Holzkasten geführt und der Wollstaub aufgesiebt. Schließlich hängte man das beflockte Papier zum Trocknen über Gestelle, bürstete es vorsichtig ab und rollte es zu zehn Meter langen Bahnen auf.

Über zwei Jahrhunderte galt die Velourstapete als erlesener Wandbelag; Ende der 1940er-Jahre jedoch geriet sie in Verruf, denn sie wurde einfach zu populär. Anthony Evans, Geschäftsführer von Cole & Son, bringt es auf den Punkt: „Bis zum Ende des Zweiten Weltkriegs lief die Flocktapete sensationell gut; dann sah man sie allenthalben in indischen und chinesischen Restaurants, und ihr Ruf war dahin."

Dennoch gab Cole & Son die Velourstapete nicht auf. So wurden beispielsweise die Räumlichkeiten des damaligen britischen Lordkanzlers Lord Irvine in Westminster Palace mit dem Material ausgestattet. Im Jahr 2000 landete die Firma einen PR-Coup: Sie punktete mit der Tatsache, dass sie als weltweit einziger Hersteller die Tapete auf traditionelle Weise noch von Hand fertigte. Dies eröffnete ein ganz neues Kundensegment, nämlich die junge Generation, die keine Chinarestaurants mit Velourstapeten kennt und zugleich den Mehrwert hochwertiger Handarbeit zu schätzen weiß. Es war ein perfekter Schachzug. Die Velourstapeten, die Cole & Son heute mit einem aus dem Jahr 1925 stammenden Sieb produziert, sind der beste Beweis dafür, dass traditionelle Fertigungsmethoden und innovatives Design nicht im Widerspruch zueinander stehen müssen.

FREMDE TEXTUREN

Nahezu jedes Material eignet sich als Wandbelag – Leder, Holz, Gras, ja sogar Perlen und Pailletten verleihen der Wand eine interessante Optik und machen einen Raum behaglich und sinnlich.

Der große Vorteil dieser Wandbekleidungen ist, dass man die Vielfalt der Muster eines Raums im Zaum hält. Manche Varianten haben allerdings auch einen großen Nachteil, denn sie lassen sich nur mit Mühe sauber halten. Wer Staubwischen nicht mag, macht daher lieber einen Bogen um kräftige Strukturen. Die auf Textur spezialisierte britische Tapetendesignerin Tracy Kendall merkt an: „Reine Strukturtapeten sind nicht mit Mustern überfrachtet. Sie bringen schöne Details und Ausgewogenheit in einen Raum, ohne ihn zu dominieren." Diese Tapeten sind wunderbar unaufdringlich. An allen vier Wänden aufgebracht, dienen sie als dezenter Hintergrund für Kunst, Spiegel und Wohndekor. Selbst auf Ledertapeten sehen Gemälde toll aus, so Lederexperte Bill Amberg. Seine Empfehlung: Bohrlöcher mit Wachs füllen und farblich passend polieren. Alternativ beschränkt man einen solchen Belag auf eine einzige Fläche. Wer den Effekt will, sich jedoch scheut, seiner Wohnung mit Kleister zu Leibe zu rücken, macht es so wie der Eigentümer des Wohnzimmers links außen und steckt einfach eine einzelne Bahn wie ein Bild an die Wand.

MAYA ROMANOFF

Erklärtes Ziel der 1969 in Chicago gegründeten Maya Romanoff Corporation war die Verwandlung des modernen Designs durch eine Verbindung aus traditioneller Kunstfertigkeit und neuesten Produktionsverfahren – und die Firma hat dies mit bemerkenswerten Produkten erreicht. Die von vornherein an den Grenzen der Machbarkeit arbeitende Firma brachte einzigartige Wandbeläge hervor, darunter *Precious Metals*, ein Papier, auf das mit Essstäbchen Blattmetall aufgebracht wird, und *Beadazzled*, eine vollkommen neuartige Tapete, deren Herstellungsverfahren geheim gehalten wird. Maya Romanoff verrät lediglich, dass die Glasperlen auf reflektierende Folie aufgebracht sind, sodass sie selbst bei wenig Licht noch schimmern und leuchten. Das Ergebnis dieses als technischer Durchbruch gefeierten Verfahrens ist ein perlenbesetzter Wandbelag, der derart flexibel ist, dass man ihn über Raumecken führen kann, dabei aber so dünn, dass er sich mit der üblichen Tapezierausrüstung verarbeiten lässt. Zudem ist er abziehbar, ohne die Wand zu beschädigen.

Der 2002 entwickelte Wandbelag *Beadazzled* war so erfolgreich, dass der Hersteller seither immer wieder mit Perlen und mustergebenden Verfahren experimentiert. *Geode* setzt sich aus zahllosen Perlen unterschiedlicher Größe zusammen, während die Perlen auf *Bauble* unglaubliche vier Millimeter messen – die größten, die je auf einem Wandbelag verwendet wurden.

Natürlich sind dies keine Tapeten für konventionelle Wohnungen, bei der Avantgarde der Interior Designer jedoch kommen sie so gut an, dass man sie auf der ganzen Welt antrifft – von Hongkong über Melbourne und Los Angeles bis hin zum Palast des Kronprinzen von Dubai.

WANDILLUSION

Schon immer war Imitation ein Thema im Tapetendesign. Der Digitaldruck ermöglicht nun absolut realistische Bilder, die man fast schon berühren muss, um sich der Dimension zu vergewissern.

Viele dieser Tapeten sollen nur einen dezenten Hintergrund bieten oder Effekte erzielen, die auf andere Weise zu teuer oder zu kompliziert herzustellen wären. Marmor oder Mauerwerk ist als Druck natürlich billiger und leichter zu haben als echter Stein und noch dazu wohnlicher.

Andere Tapeten wiederum sollen gerade dominieren. Deborah Bowness' Entwurf *Illusions of Grandeur* (oben) ahmt eine komplette Wandgestaltung nach – inklusive Wandsockel, Sockel- und Fußleisten. „Ich nehme eine Fotomontage, vergrößere sie auf Raumgröße und reproduziere sie in Schwarzweiß", erklärt die Designerin. „Diese Bahn wird dann im Siebdruckverfahren koloriert. Dabei geht es nicht um eine exakte Wiedergabe, sondern um die Darstellung vertrauter Innenansichten, Muster und Architekturen, um eine elegante Illusion zu schaffen, die überall passt."

ARCHITEKTONISCHES TROMPE-L'ŒIL

Tapeten in Holz- oder Mauerwerkoptik verleihen jedem Raum Leben und Wärme, die Betonung des Materials lässt das Thema Architektur in den Vordergrund treten. Wichtig ist dabei, dass Sie die Tapete sozusagen für bare Münze nehmen: Wenn Sie nicht im Traum darauf kämen, Ihr Badezimmer komplett mit Fichte auszukleiden, lassen Sie auch lieber die Finger von einer holzgemaserten Tapete. In den hier gezeigten Räumen kommen Holz und unverputztes Mauerwerk großartig zur Geltung. Ein interessanter Nebeneffekt: Einen schmalen Raum lassen solche Dessins breiter wirken. Machen Sie die auserwählte Tapete zum Blickfang und setzen Sie Kontraste durch die Möblierung. Kombinieren Sie raue Ziegel mit weichem Leder, Nadelholz mit Metall oder glänzendes Furnier mit langflorigen Teppichen. Streichen Sie die übrigen Wände in einem passenden Ton, oder gehen Sie aufs Ganze und kombinieren Sie eine Gras- oder Stofftapete in ähnlichen Farben.

A.W.N. PUGIN (1812–1852)

Augustus Welby Northmore Pugin hatte einen Traum: Als begeisterter Verehrer mittelalterlicher Kunst und Architektur wollte er den Menschen die Künste der Gotik nahebringen. Allerdings hatten seine Zeitgenossen die Gotik ohnehin schon für sich entdeckt – gotische Architektur imitierende Tapeten waren in den 1840er-Jahren der letzte Schrei. Pugin jedoch war Purist. Für ihn waren Trompe-l'œil-Effekte, die eine flache Wand als pseudogotische Architektur verkleideten, nicht nur geschmacklos, sondern geradezu verwerflich. Seiner Ansicht nach sollten die gotischen Muster historisch korrekt sein und vor allem dazu dienen, die Zweidimensionalität der Wand zu unterstreichen.

„Eine Wand kann ganz nach Belieben geschmückt werden", erklärte er, „solange die Gestaltung in sich stimmig ist." Mitte des 18. Jahrhunderts herrschte in der Dekoration jedoch größte Vielfalt. Beliebt war eher der Stilmix als das historisch exakte Zitat – dagegen konnte sich Pugin nicht durchsetzen. Als Künstler war er dennoch überaus erfolgreich: 1847 erhielt er den Auftrag für mehr als 100 Tapetenentwürfe für den Westminster Palace, und seine unverwechselbaren Drucke mit ihren stilisierten Obst- und Blattdekoren und Wappen waren bei der Aristokratie überaus gefragt. Sein Ideal jedoch, die breite Masse mit gotischem Design zu beglücken, blieb unerreicht. Ein Grund waren sicherlich die Kosten, denn seine Tapeten wurden im Handdruckverfahren produziert. Außerdem erinnerten seine Muster den Durchschnittsbürger zu sehr an Kirchenbauten. So verebbte die Gotikwelle in den 1850er-Jahren, ohne dass Pugins Tapeten in der Öffentlichkeit einen größeren Eindruck hinterlassen hätten.

Dennoch hatte er nachhaltigen Einfluss als Gestalter. Bereits Ende des 19. Jahrhunderts galt seine Forderung, eine Tapete solle flach sein und nicht allzu realistisch wirken, als Grundsatz der Tapetengestaltung. Auf seine Theorien stützten sich auch die Reformer der Arts-and-Crafts-Bewegung, die wiederum die Moderne des 20. Jahrhunderts prägte.

Joanna Banham vom Victoria & Albert Museum beschreibt seinen Konflikt so: „Pugin trat gegen den grassierenden Eklektizismus einer Zeit an, in dem es keinerlei Designtheorie gab, sondern vor allem eins: schlechten Geschmack. Er setzte sich für mehr Disziplin und Rationalismus ein." Bis heute sind dies die Grundlagen guter Gestaltung.

WANDGRAFIK

Grafiktapeten mit ihren charakteristischen klaren Linien und den unkomplizierten, wiederkehrenden Motiven sind unglaublich vielseitig einsetzbar. Sie eignen sich als ruhiger Hintergrund ebenso wie als spektakulärer Blickfang. Erstaunlicherweise gilt für die Mehrzahl dieser Dessins: Je mehr, desto unscheinbarer. So verliert in der streng monochromen Wandgestaltung auf dieser Seite das Muster durch die ständige Wiederholung an Intensität und strahlt stattdessen einen geradezu beruhigenden Rhythmus aus. Beschränkt man eine grafische Tapete dagegen auf eine einzelne Wand, so wird sie zum Fokus, der in einem multifunktionalen Raum einen bestimmten Bereich definiert – in dem Beispiel rechts ist dies der Arbeitsplatz in einer Privatwohnung – oder in einer ansonsten unaufgeregten Einrichtung für das gewisse Etwas sorgt.

MUSTERMIX

Symmetrische, sich wiederholende Muster sind wie geschaffen für den kreativen Mix. Großzügig eingesetzt, wirken sie modern, ausdrucksstark und doch beruhigend. Verwenden Sie ein schlichtes geometrisches Motiv als Hintergrund für Ihre Bildergalerie oder Ihre Sammlung dekorativer Objekte: Die Streifentapete in dem Beispiel oben holt die alten Sammelteller in die Gegenwart und setzt zugleich einen klaren Kontrast zu der blumigen Bemalung. Die Abbildung oben zeigt ein Beispiel, in dem der Mustermix selbst zum Leitmotiv geworden ist.

RASCH

Die 1950er-Jahre waren für den deutschen Tapetenhersteller Rasch das Jahrzehnt der Innovation. Ende des 19. Jahrhunderts hatte der Öltuchfabrikant Emil Rasch die Firma als „Rouleaux-fabric" gegründet, und bald hatte er auch Tapeten im Programm. Anfang des 20. Jahrhunderts zählte er bereits zu den Hauptakteuren auf dem Markt.

So kostengünstig die Tapeten von Rasch auch waren – die Firma wollte beweisen, dass niedriger Preis und künstlerischer Anspruch einander nicht ausschließen. „Einerseits soll der Markt mit relativ günstiger Ware versorgt werden", so Rasch, „andererseits soll dem Kunden künstlerischer Wert geboten werden."

So brachte Emil Rasch 1950 die Kollektion der Künstler-Tapeten auf den Markt. Dazu bat er namhafte Künstler, Designer und Architekten, ihre persönliche Vision einer Wohnraumgestaltung umzusetzen. Bis 1960 hatten bereits mehr als 50 Künstler mit Rasch zusammengearbeitet, darunter Josef Hoffmann, Tea Ernst, Margret Hildebrand, Lucienne Day und Salvador Dalí. Das Ergebnis waren sowohl figürliche Darstellungen als auch abstrakte, grafische Muster, die sich dem International Style anpassten. Lucienne Days Entwurf *Prisma* beispielsweise wies ein spartanisches Gewirr gekreuzter Linien auf, während Margret Hildebrands Bestseller *Studie* abstrahierte Blätter zeigte.

Höhepunkt der Künstler-Tapeten war Raschs Ausstellung „Künstlerisches Schaffen – Industrielles Gestalten" 1956 im Städtischen Museum Osnabrück. Die Schau stellte Entwürfe von 28 an der Serie beteiligten Künstlern vor und präsentierte die Tapete nicht als Hintergrunddekor, sondern als Kunst. Der Erfolg war so durchschlagend, dass Rasch mit der Ausstellung nach New York geladen wurde, wo sie der schwächelnden amerikanischen Tapetenindustrie neuen Auftrieb verschaffte.

Nicht jeder jedoch begrüßte den ungewohnten künstlerischen Anspruch der Tapete. Die Presse überzog die Ausstellung mit vernichtender Kritik: „Es klingt fast wie ein Witz", kommentierte der *Industriekurier* am 11. August 1956. „Was als Öltafel im Rahmen gern mit Abscheu ‚modern' genannt wird, erntet, auf das Rollenpapier vervielfältigt, die größten Erfolge."

Rasch ließ sich davon nicht beirren. Er war überzeugt von dem, was er tat, und er bestand auf seiner Pflicht als Tapetenhersteller, der Kundschaft das zu bieten, was sie wünschte – nicht das, von dem er (oder die Kunstkritik) meinte, dass sie es wünschen solle. Der Verkaufserfolg der Künstler-Tapeten gab ihm recht: Den Deutschen stand der Sinn nach abstrakter Grafik.

DAVID OLIVER

Als der britische Designer David Oliver 1989 seine Wohnung tapezierte, verwendete er dafür keine normale Tapete, sondern Seiten aus der *Financial Times*, dem *Sydney Morning Herald* und aus den britischen „Gelben Seiten“ in einem farblich ansprechenden Mix. In die Zeitungsbögen schnitt er Blütenformen und verwandelte damit die Wand hinter dem Papier in das eigentliche Muster.

So begann David Olivers Begeisterung für die Wandgestaltung und für die Zeitung als Mittel der Grafik. Drei Jahre später schuf er für eine Galerie in Madrid eine Serie von Zeichnungen, die auf der Seitenaufteilung der französischen Zeitung *Libération* in Textblöcke, Anzeigen und Fotos basierten. „Die Zeichnungen enthüllten das Skelett, die Strukturen eines Zeitungslayouts“, erklärt Oliver. „Diese Strukturen rührten an etwas Bekanntes; sie machten ein Muster sichtbar, das wir normalerweise aufgrund der Art und Weise, wie wir lesen, übersehen.“

1998 kamen Olivers Entwürfe als Tapete auf den Markt. Nach der Quelle seiner Inspiration hieß sie *Liberation* und zeigte rechteckige Muster in neutralen Farben. Der klare Rhythmus präsentierte eine ganz neue Ästhetik: Damals war der Minimalismus beherrschend, und „Tapete“ wurde mit altmodischen, üppigen Mustern gleichgesetzt. Oliver bewies, dass das Wandkleid aus Papier auch im reduzierten modernen Wohnambiente seinen Platz hat. Die zurückhaltende *Liberation* war vom ersten Moment an ein Klassiker und spielte bei der Wiederkehr der Tapetenmode eine entscheidende Rolle.

KOMPLEXE LINIEN

Richtig platziert und gut kombiniert, wirkt sogar das extravaganteste Design geradezu schlicht. In diesem Esszimmer beherrscht ein grafisches Muster die Wand. Die rhythmische Symmetrie kommt voll zur Geltung und ist dadurch gut verträglich. Auch die Leuchten und Stühle wiederholen ihre jeweiligen geometrischen Formen und verleihen dem Raum zeitgemäße, unaufdringliche Opulenz.

GEMUSTERTES EIGENLEBEN

Ein grafisches Muster eignet sich immer als Hingucker für eine einzelne Wand – zum regelrechten Bekenntnis wird es, wenn Sie die Tapete zum zentralen Raumthema machen. Das Esszimmer im Foto oben bekommt jede Menge Tageslicht, daher wirkt das bewegte Dessin der pinkfarbenen Tapete nicht aufdringlich. Im Zusammenspiel mit dem leuchtenden Fußboden entsteht vielmehr ein fröhlicher, lebendiger Raumeindruck. Mit der Tapete im Gästebad links ist eine fantastische Gratwanderung zwischen Glamour und Retro gelungen, ideal ergänzt durch die edlen Materialien des Waschtischs.

GRAHAM & BROWN

Der britische Tapetenhersteller Graham & Brown verdankt seine Existenz einer Mischung aus Vision und glücklichem Zufall. Das Jahr 1946 war eine magere Zeit für die Tapetenindustrie, denn Papier war nach dem Krieg Mangelware. Als sich daher den beiden Jungunternehmern Harold Graham und Henry Brown eine Ladung ausgemustertes Metallpapier bot, wie es die Armee zur Störung von Feindradar verwendet hatte, kauften sie den gesamten Posten auf, und ein Unternehmen nahm seinen Anfang.

Die Fertigungsräume an der Harwood Street im nordwestlichen Blackburn waren sehr einfach, das Equipment bestand im Wesentlichen aus einer Prägemaschine und einer Achtfarb-Tapetendruckmaschine. Nach dem Krieg sehnten sich die Menschen aber nach schönen Wänden – ein Grund für den Erfolg der Firma.

Zu Beginn der 1970er-Jahre verkaufte Graham & Brown jährlich Millionen Tapetenrollen, zählte zu den größten britischen Tapetenfabrikanten und begann bereits, sich auf dem europäischen Markt zu etablieren. Das Jahrzent war allerdings eine schwierige Zeit für die Tapete: Je mehr Menschen das Heimwerken für sich entdeckten, desto durchschlagender wurde der Siegeszug der Wandfarbe. Graham & Brown reagierten 1984 mit einer Innovation: Das inzwischen von den Söhnen der Firmengründer Roger Graham und David Brown geleitete Unternehmen brachte mit *Superfresco* eine Kollektion von Vinylstrukturtapeten heraus, die sich nicht nur leicht hängen und abziehen ließen, sondern außerdem abwaschbar und überstreichbar waren.

Zum ersten Mal startete die Firma eine Werbekampagne. Einer ihrer Fernsehspots erlangte regelrechten Kultstatus und verhalf der Tapete zu sensationellem Erfolg. Schon nach einem Jahr hatte Graham & Brown mit *Superfresco* seinen Marktanteil vervierfacht und den Umsatz verdreifacht.

Heute gehen in jeder Minute neun Rollen *Superfresco* über den Ladentisch. International liegt der Jahresumsatz bei über zehn Millionen Pfund. Damit ist dies noch immer die erfolgreichste Kollektion dieses Herstellers und angeblich die beliebteste Tapete der Welt. Inzwischen existieren weitere Variationen, darunter *Superfresco Easy*, die sich schneller und unkomplizierter hängen lässt als sämtliche Vorläufer, weil der Kleister nicht auf die Tapete, sondern auf die Wand aufgetragen wird – genau das Richtige für den Heimwerker von heute, der eine unscheinbare Wand durch Retrochic veredeln will.

48

einzigartige Mustertapeten für fantastische Wohnräume

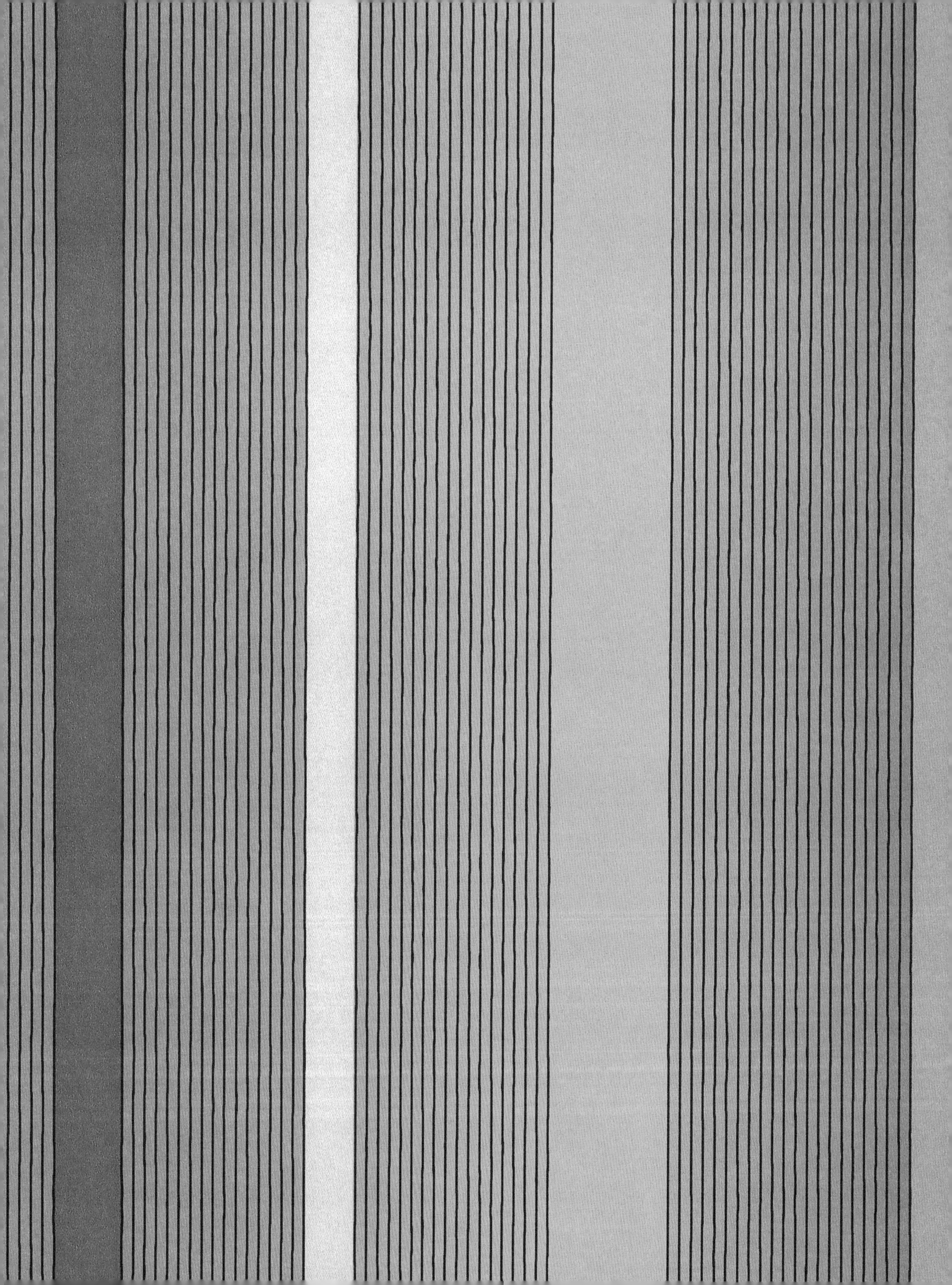

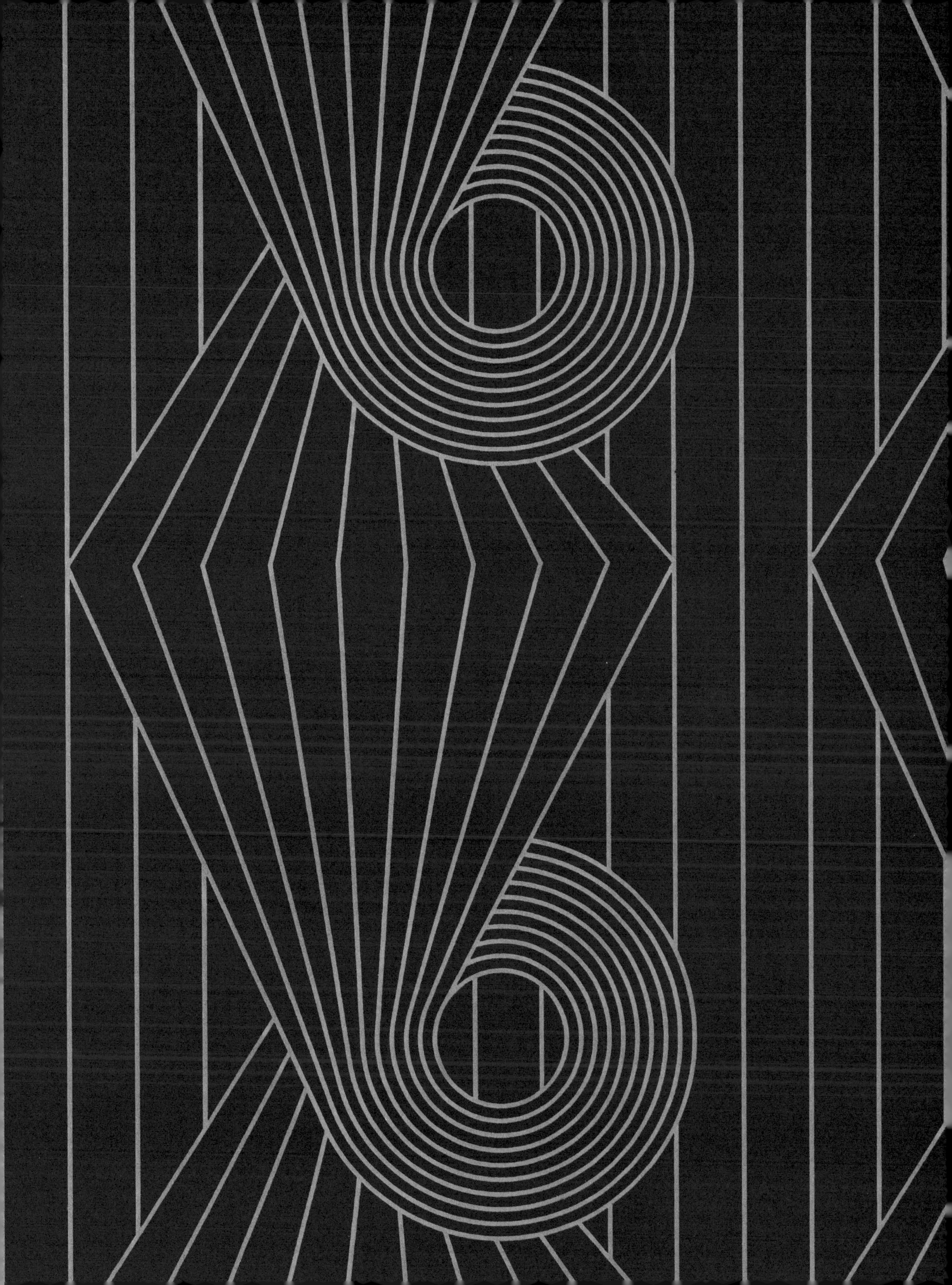

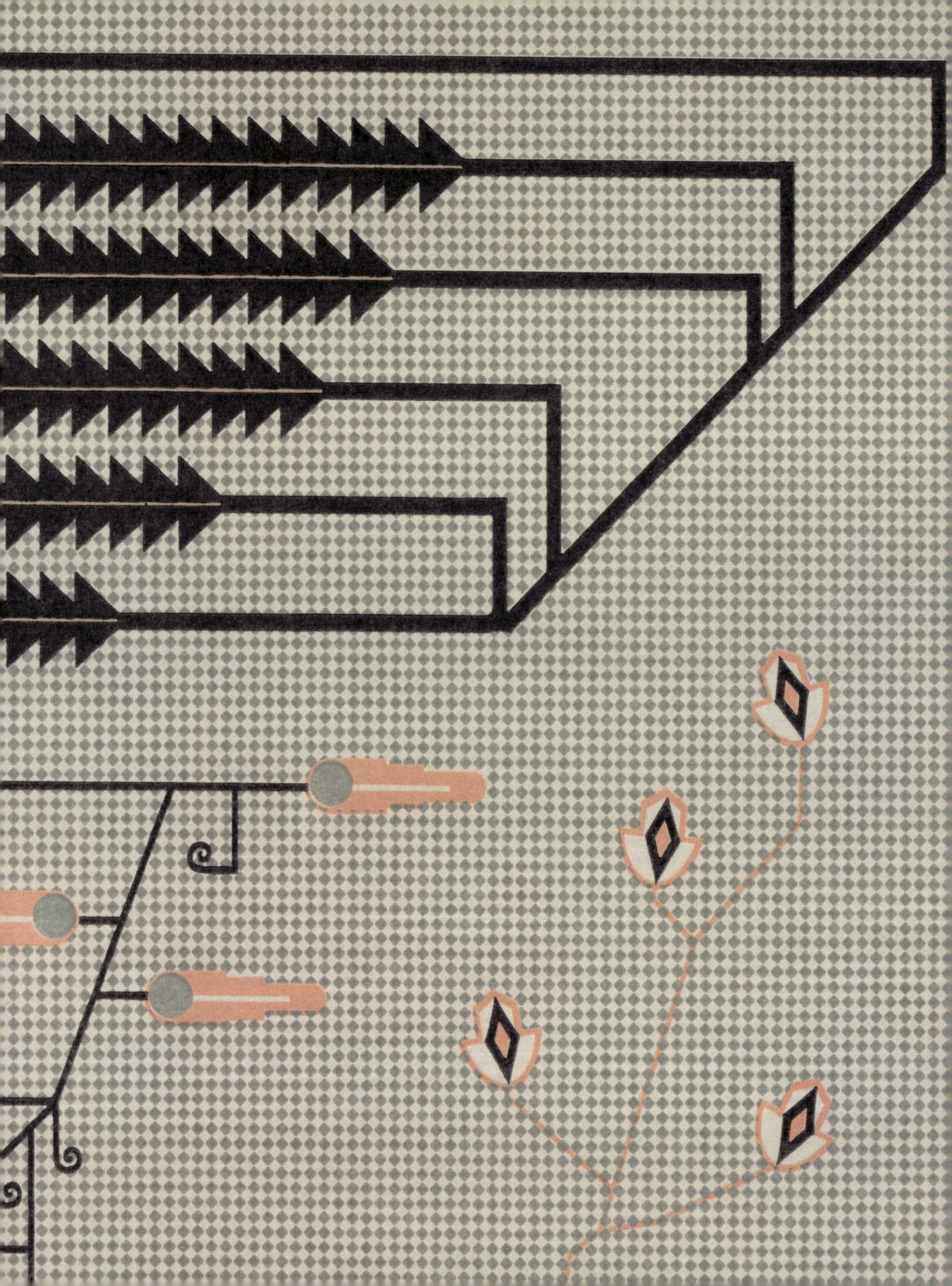

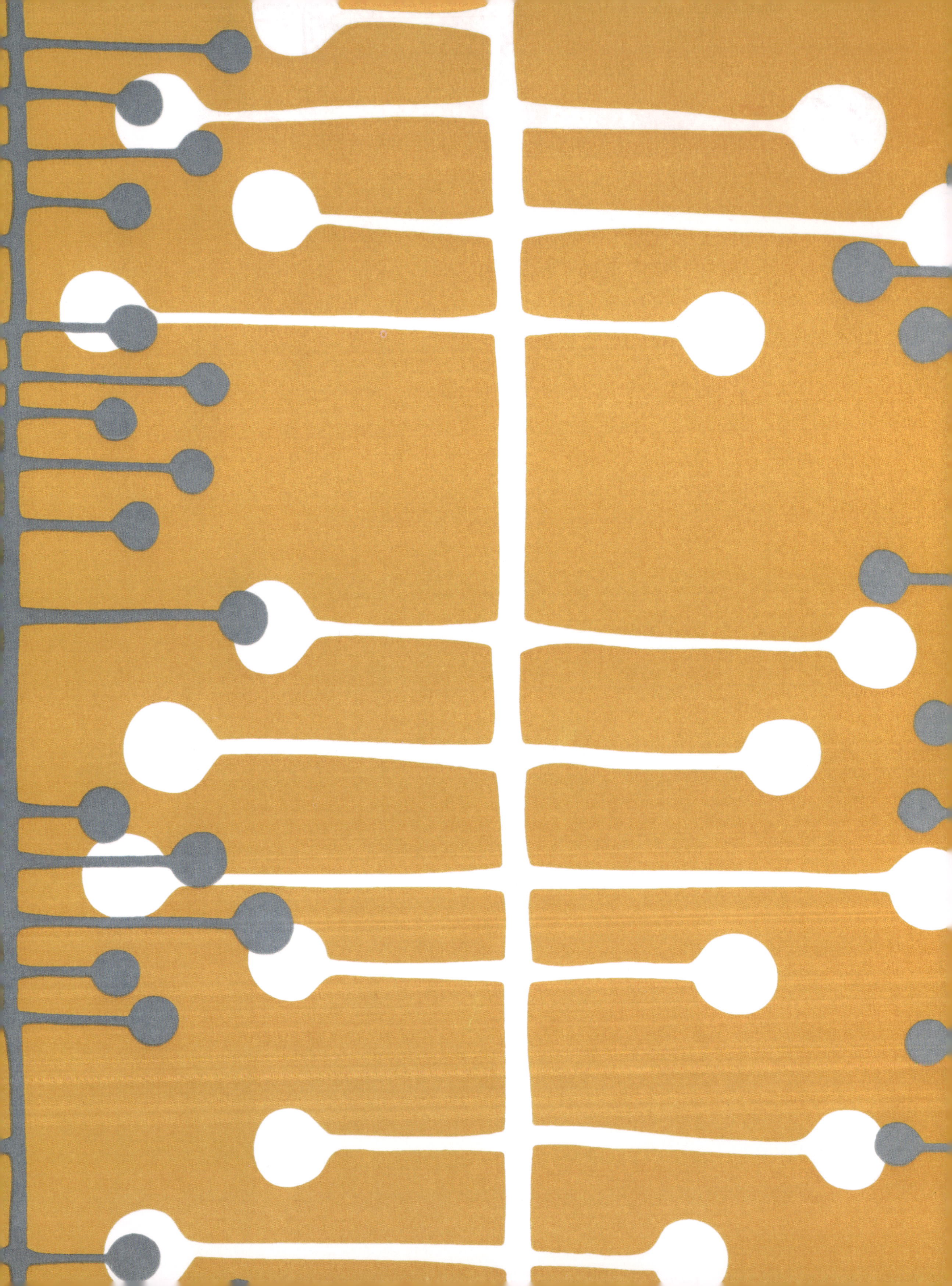

Floral total

DOC

Kein Schmuckmotiv kann es in Hinsicht auf seine Beliebtheit mit Blüten und Blättern aufnehmen. Seit Jahrhunderten lassen sich Künstler und Designer von den zarten bis imposanten Blüten, dezenten bis lodernden Farben und den vielgestaltigen Blattformen der unterschiedlichsten Pflanzen zu immer wieder neuen Gestaltungen inspirieren. Die Tapetendesignerin Shauna Dennison beschreibt es so: „Es gibt kaum ein freundlicheres Dekomotiv als Blüten. Sie transportieren wunderbare Muster und Farben, und es gibt sie in allen Größen, sodass vom kleinformatigen bis hin zum großen Rapport alles möglich ist."

Kleine Streublumen auf Baumwolldrucken und Musselinstoffen waren die ersten floralen Muster, die auch für Papiertapeten verwendet wurden. Im 17. Jahrhundert war Chintz aus Indien über England nach Europa gelangt. Der mit floralen oder gelegentlich auch szenischen Motiven in leuchtenden Farben bedruckte Kattun (dichtes Baumwollgewebe) löste regelrechte Begeisterungsstürme aus, denn zuvor waren in erster Linie dunkle, schwere Stoffe verbreitet gewesen. Der erste europäische Chintz wurde in Marseille produziert, bald gefolgt von London. Um 1700 konnten Stoffe allein den Bedarf an frischen Farben und fröhlichen Blumendessins allerdings nicht mehr stillen. Da sprangen die Tapetenfabrikanten mit Papier in die Bresche: Die Chintztapete war erfunden. Technisch war ein kleiner floraler Rapport für den Handdruck ebenso wie für die ersten Tapetendruckmaschinen einfach zu verarbeiten. Bis heute sind die lieblichen, flächendeckenden Blumenmuster auf pastellfarbenem Grund für viele der Inbegriff eines eleganten und doch naturverbundenen Cottagestils.

Die Designer-Avantgarde betrachtet einfache, hübsch geblümte Tapeten zwar von jeher mit Herablassung, bei den Herstellern im mittleren Marktsegment und bei der Kundschaft erfreuen sie sich jedoch seit Beginn des 18. Jahrhunderts gleichbleibender Beliebtheit. Es gab sogar Zeiten, da war die Blümchentapete ein absolutes Must-have: Mitte des 19. Jahrhunderts stattete ganz Europa seine Wohn- und Schlafzimmer mit kleinen floralen Mustern aus.

Große Blütendessins waren erstmals im Frankreich des 18. Jahrhunderts en vogue. Um 1780 avancierte die Blume dort zum beliebtesten Tapetenmuster überhaupt. Dabei reichten die Entwürfe von üppigen Bouquets und regelrechten Blumenwiesen in vielen Farben bis zu hochstilisierten Formen in reduzierter Farbigkeit. Florale Muster gab es als Schmuckbordüre unifarbener Wandfelder ebenso wie als Rollenware für die flächendeckende Rundumtapezierung. Favoritin war die

Rose, aufgrund ihrer ansprechenden runden Gestalt ohnehin schon immer am beliebtesten, sei es als heraldischer Schmuck oder aber in dekorativen Schnitzereien. Häufig wurde sie voll erblüht dargestellt, als personifizierte Perfektion. Ein Schwerpunkt der Herstellung lag zunächst in Zentralfrankreich, aber auch das Elsass sowie Österreich hatten eine Vorrangstellung im (Blumen-)Tapetendesign und -druck.

Während sich die Begeisterung für Blumendekor im biedermeierlichen Deutschland und Österreich des 19. Jahrhunderts durchsetzte, riefen die englischen Reformer in den 1860er-Jahren bereits zur Vereinfachung der Gestaltungsformen auf. Für die Arts-and-Crafts-Bewegung galt das Credo ihres Wortführers William Morris: „Schlicht ist schön." Die Farbenvielfalt wurde zurückgenommen, die Formen waren nun wieder kleinteiliger und stärker stilisiert, sodass es nur noch ein kleiner Schritt zu den vegetabilen Ornamenten des Jugendstils war, der florale Wandmotive als Bordüre liebte.

Das 20. Jahrhundert war in Bezug auf Blumenmuster weniger innovationsfreudig. Die Moderne setzte in erster Linie auf abstrakte, grafische Muster, und bis in die 1960er-Jahre hinein war das dekorative Blumenornament wenig populär. Erst das folgende Jahrzehnt sollte mit eindrucksvollen, flächigen Blüten in gewagten Farben auftrumpfen. Während handverlesene Entwürfe im Siebdruckverfahren umgesetzt wurden, entwickelte sich die Produktion der praktischen, abwaschbaren Vinyltapete rasant. 1973 lancierte Laura Ashley ihre erste Kollektion im Cottage-Look, 1978 trat Coloroll mit *Dolly Mixtures* auf den Plan: Das Miniaturblümchen-Design wurde zum meistverkauften Tapetenmuster Englands. Stellenweise bis in die späten 1980er-Jahre hielt sich dieser Trend, bevor die minimalistischen 1990er alles Dekorative verbannten. Kurz nach der Jahrtausendwende jedoch erlebten große, plakative Blumenmuster ein Comeback, und wie es aussieht, wird uns dieser Stil noch eine Weile erhalten bleiben.

Das Blütendekor von heute tritt als großformatige Inszenierung in Erscheinung. „Bislang galten Blumen als feminin", erklärt Shauna Dennison, „allmählich präsentieren sie sich jedoch weitaus maskuliner. Die Entwürfe sind weniger bunt und lieblich; anstelle der Rosen sehen wir stärker strukturbetonte Motive: Blätter, Farnwedel, die Blütenkugeln des Zierlauchs." Doch auch wenn die florale Tapete mit diesem oftmals etwas gestylten, monochromen Ansatz einen neuen Weg einschlägt: Ihre Wurzeln liegen fest in unserer seit Jahrhunderten verankerten Vorliebe für alles Blumige.

Ideen

Abgesehen von kleinen floralen Akzenten, waren Blumenmuster jahrzehntelang geradezu tabu. Seit die florale Mode Ende der 1980er abebbte, war die elegante, minimalistische Wohnwelt tonangebend. Derzeit jedoch erleben wir eine Renaissance überschwänglicher, raumgreifender Dessins, und dieses Mal heißt es: Anything goes! Die Vielfalt umspannt alle Spielarten von sich beißenden Mustern und Farben bis hin zum perfekt aufeinander abgestimmten Ambiente in harmonierenden Tönen. Für das total florale Design braucht es ein wenig Mut – denn ein Fehler, und aus einem Gesamtkunstwerk wird ein Durcheinander. Geschickt gemacht jedoch vibriert die gewagte Kombination vor Energie und ist ein Bekenntnis zum Hier und Jetzt.

MUSTEREXPLOSION

Überlegen Sie als Erstes, wie viele verschiedene Dessins Sie verwenden wollen. In den beiden Räumen auf diesen Seiten kam jeweils ein einziges zum Einsatz, dafür aber nicht nur an allen vier Wänden, sondern auch an den Türen, und im Schlafzimmer rechts sogar an der Zimmerdecke. Das extravagante Dekor verwandelt die beiden kleinen, zuvor eher charakterlosen Räume in einzigartige Schmuckkästchen. Die sparsame Möblierung garantiert, dass der große Auftritt dem Muster vorbehalten bleibt und der Raum nicht überladen wirkt. Glänzende Oberflächen und die weiße Zimmerdecke sorgen im Speisezimmer oben für eine beschwingte, zeitgemäße Atmosphäre.

RAFFINIERT KOMBINIERT

Mustermix, ob aufeinander abgestimmt oder nicht, ist derzeit tonangebend in der Raumdekoration. Aber wie so oft, besteht auch hier die Kunst darin, die richtige Balance zu finden. In dem Wohnraum oben nehmen die großen Blüten des Teppichs die Farbtöne der überbordenden Blumentapete auf und sorgen so in der spannungsreichen, aber durch und durch zeitgemäßen Mischung für den nötigen optischen Zusammenhalt.

Muster zu kombinieren ist manchmal einfacher als Kontraste zu setzen, schließlich muss man den Raum nur mit aufeinander abgestimmten Drucken füllen. Damit Sie sich aber stilistisch nicht in die 1980er-Jahre katapultieren, überlegen Sie , welche Elemente der Einrichtung durch Blumenmuster gewinnen und welche nicht. So können geblümte Polsterstoffe in natürlichen Farben schnell altbacken wirken. Wählen Sie stattdessen klare Formen und dezente Unis. In dem Arbeitszimmer oben garantieren einfache weiße Regale vor der traditionellen Blümchentapete Frische und Modernität.

EINE PRISE LEICHTIGKEIT

Dieser Raum in diversen Rot- und Roséschattierungen ist eine gelungene Hommage an die achtziger Jahre des 20. Jahrhunderts. Es ist ein raffiniertes Dekor für den Muster-Fan: Die modernen Möbel setzen den dunklen, stark gemusterten Wänden markante Kontraste entgegen und bewahren den Raum so vor nostalgischem Kitsch. Besonders wirkungsvoll sind die drei transparenten Stühle – optisch nehmen sie keinen Raum ein, und sie unterstreichen das Bekenntnis zur Moderne.

JOSEF FRANK (1885–1967)

Der als Architekt ausgebildete Josef Frank war Anfang des 20. Jahrhunderts neben Otto Wagner, Josef Hoffmann und Adolf Loos einer der führenden Köpfe der Wiener Moderne. In Erinnerung blieb er in erster Linie durch sein Verdienst um die skandinavische Moderne, die ähnlichen Idealen verpflichtet war. Seine Rolle in der Entwicklung des nordischen Designs beschrieb er einmal durchaus selbstbewusst so: „Ich habe das gesamte schwedische Design gerettet und den skandinavischen Stil geschaffen."

Frank brach mit der funktionalistischen Strenge der Wiener Moderne, als er in den 1920er-Jahren eine eigene Ästhetik zu entwickeln begann. Im Mittelpunkt standen für ihn der Mensch und seine Bedürfnisse, Eleganz und Farbe: „Das Zuhause soll ein optischer Ruhepunkt sein, es soll die Sinne wiederbeleben. Puritanische Prinzipien haben in guter Raumgestaltung nichts zu suchen."

In den 1930er-Jahren war Frank kaum noch als Architekt tätig. In erster Linie gestaltete er Möbel, Interieurs und die fröhlich-bunten Textilien, für die man ihn heute vor allem kennt.

Als großer Verehrer William Morris' ließ Frank sich gern von der Natur inspirieren. Mit seinen lebendigen, äußerst dekorativen Entwürfen fiel er Estrid Ericson auf, der Gründerin der schwedischen Einrichtungsfirma Svenskt Tenn, die bei ihm zunächst Möbelentwürfe in Auftrag gab. Seine jüdische Herkunft zwang Frank 1933 in die Emigration, mit seiner schwedischen Frau, in deren Heimatland er übersiedelte. Schon im folgenden Jahr wurde er Chefdesigner von Svenskt Tenn – es war der Beginn einer künstlerischen Zusammenarbeit, die bis zu seinem Tod 33 Jahre später andauerte.

Für Svenskt Tenn entwarf Frank 160 Textildrucke, die er alle als Aquarell ausführte. Als sich nach dem Krieg alle Welt für gemusterte Wände begeisterte, brachte er 1947 eine Kollektion von zehn floralen Tapeten heraus, die auf charakteristische Weise Reales und Surreales vermischten. Die Muster zeichneten sich durch eine unvergleichliche Intensität und Farbverwendung aus – das genaue Gegenteil der damals so modernen strengen Zweckmäßigkeit. Die Kundschaft aber zeigte sich begeistert. „Seine Entwürfe waren einzigartig: zeitlos, organisch, warm", erläutert Lisa Wikfeldt von Svenskt Tenn dessen Erfolg.

FARBVERBINDUNG
Die jeweils monochrome Farbgebung verbindet in diesem Wohnzimmer drei vollkommen unterschiedliche Blumenmuster.

GEZÜGELTER MIX

Wer diese beiden Räume betritt, könnte zunächst denken, der Designer hätte das Lehrbuch über Bord geworfen … Doch die Gestaltung hält sich in beiden Fällen an zwei Grundregeln, die dem optischen Ausgleich verpflichtet sind: Eines der Muster dominiert, und eine Farbe gibt jeweils den Ton an. In dem Beispiel oben nimmt das zarte, verschlungene Blattwerk im Vordergrund den Grundton des beherrschenden, großformatigen Blumendrucks an der hinteren Wand auf und liefert zugleich den Rahmen für das unruhigere Muster. Der Lampenschirm über dem Tisch greift das Blütendekor ebenfalls auf und erzielt geschickt einen Fokus im Raum.

Die Raumfolge auf der linken Seite ist wesentlich farbenfreudiger, doch selbst hier findet sich in der gelben Farbe ein verbindendes Element, während die schlichte weiße Tür dem Auge eine Verschnaufpause gönnt.

KONKURRENZLOS
Sämtliche Muster an eine einzige Wand zu bannen ist ein gutes Mittel, um sich einen wilden Mix ins Haus zu holen, ohne die Kontrolle abzugeben. Die relativ kleine Fläche erlaubt es, dass sogar die Regel von der farblichen Harmonie bei unterschiedlichen Mustern ignoriert werden kann. Wichtig ist, dass die übrige Einrichtung keine optische Konkurrenz darstellt. So steht in diesem Kinderzimmer der farbenfrohen Wand ein zurückhaltendes, grafisches Schwarz-Weiß-Schema gegenüber.

DIE TRIAD-KOLLEKTION VON SANDERSON

Heute sind Musterbücher mit Anwendungsbeispielen perfekt aufeinander abgestimmter Textilien und Tapeten längst zum Standard geworden. Bis 1960 jedoch, als der englische Heimtextilienhersteller Sanderson sein 100-jähriges Bestehen feierte, waren Designensembles „von der Stange“ noch die Ausnahme. Erst allmählich zeichnete sich damals ab, dass die Zukunft der auf das mittlere Marktsegment abzielenden Hersteller in zueinanderpassenden Stoff- und Tapetenkollektionen lag.

Triad war mit einem Programm von 68 aufeinander abgestimmten Tapeten und Stoffen der Wegbereiter. Jedes Set der Kollektion setzte sich aus einer „Triade“ von zwei Tapeten und einem Stoff zusammen. Die mit kleinen floralen Rapports handbedruckten Tapeten waren so hübsch wie bezahlbar. Der Erfolg ließ nicht lange auf sich warten: Triad wurde schnell zur umfangreichsten, meistgekauften britischen Tapetenkollektion und revolutionierte das Wohndesign – ebenso wie die Finanzlage des Unternehmens. Die weltweit beliebte Serie verkaufte sich besonders gut in Australien, Neuseeland, Kanada und Südafrika. „Triad verschaffte dem Durchschnittsbürger Zugang zu kommerziellem Raumdekor“, erklärt Sandersons ehemaliger Geschäftsführender Direktor und Chefdesigner, Michael Parry.

Heute läuft Triad unter dem Namen „Options“ – zwar nicht mehr so ungebremst wie früher, doch die preisgünstigen, gefälligen und gut koordinierten Blumenmuster sind noch immer auf der ganzen Welt beliebt.

WOHNINSELN

Moderne Wohnungen leben vom multifunktionalen Wohnraum, der häufig auch die offene Küche umfasst. Nachdem sämtliche Innenwände herausgerissen sind und der Schutt beseitigt ist, stehen manche Wohnungsbesitzer allerdings da und fragen sich, wie sie den grenzenlosen Raum nutzen sollen. Die klassische Lösung sind optische Unterteilungen durch Möbel, Teppiche und Licht. Am einfachsten und effektivsten definiert sich ein Bereich aber durch eine tapezierte Wand.

Ecken und Erker sind wie geschaffen dafür, auch in einem spärlich möblierten, weiträumigen Ambiente Behaglichkeit zu schaffen. In dem Beispiel rechts ist eine Wand in leuchtendem Pink tapeziert und markiert so die Trennung in Wohn- und Essbereich. Die Farbe der Tapete stellt einen Bezug zum rosa Farbklecks im Essbereich her, sodass eine optische Verknüpfung entsteht.

In dem Raum oben definiert eine konsequent schwarze Wand die Sitzecke. Der Kontrast der weißen, glatten Wand links im Vordergrund zu der strukturierten, schwarzen Oberfläche signalisiert einen Wechsel der Atmosphäre – im weißen Teil des Wohnraums wird gegessen und gearbeitet, im schwarzen Teil lautet das Motto „Entspannung". Die florale Musterung lässt den eher strengen, maskulinen Raum ein wenig sanfter und weicher wirken.

Auch in einem Raum mit einer einzigen Funktion kann eine optische Verankerung willkommen sein. So hebt der Tapetenstreifen in dem Schlafzimmer links die ruhige Zone hervor.

inside asia

SCHMUCKWÄNDE

Auch wenn viele Leute, die sich neu einrichten, extravagante Blumentapeten an allen vier Wänden lieben und gerne mit marginal dazu passenden Teppichen und Vorhängen gewagte Kontraste setzen - leicht lebt es sich mit einer solchen Vielfalt nicht. Eine schöne Alternative ist eine einzelne Schmuckwand, die sich auch, wo es passt, über eine Ecke fortsetzen kann wie in dem Beispiel oben links. Tapezieren Sie grundsätzlich die Wand, die beim Eintreten als Erste ins Auge fällt. Kombinieren Sie einen Anstrich in einer dezenten, passenden Farbe oder eine zurückhaltende einfarbige Tapete. Ein entschiedener, aber immer noch gut verträglicher Schritt in Richtung wilder Mustermix dagegen ist eine Kontrastfarbe für die verbleibenden Wände. Wofür Sie sich auch entscheiden - hier soll die Tapete im Mittelpunkt stehen, also halten sich Möbel und übrige Ausstattung zurück.

NEISHA CROSLAND

„Mit Blumentapeten fühlen sich die Leute zu Hause", sagt die britische Designerin Neisha Crosland. „Blüten bieten vieles, das sich in Muster umsetzen lässt, daher suchen Designer und Künstler auch immer wieder Inspiration im Floralen."

Als Crosland sich nach ihrem Abschluss am Londoner Royal College of Arts dort mit einer Ausstellung präsentierte, erhielt sie prompt den Auftrag für eine Kollektion von dem Stoff- und Tapetenhersteller Osborne & Little. Seither entwirft sie Tapeten, vorzugsweise in minimalistischem Design. Die Zurückhaltung ist auch eine ökonomische Notwendigkeit, denn pro Farbe wird ein rund 800 Pfund teurer Druckzylinder benötigt. Ein weiterer Grund aber ist Croslands Vorliebe für klare Formen: „Als ich zum ersten Mal Stoffe aus der Zeit des Osmanischen Reichs sah, beeindruckte mich die schlichte, ausdrucksvolle Strenge", erklärt sie. „Seitdem bemühe ich mich um Reduktion in meinen eigenen Entwürfen."

Schlicht mögen sie sein, fröhlich gemustert sind Croslands Entwürfe dennoch. Darüber hinaus sind sie so konzipiert, dass man damit das ganze Zimmer tapezieren kann – Crosland erwartet ein großes Comeback dieser Mode. Ihre Tapeten sind in 16 Ländern erhältlich, dabei führen *Birdtree* und *Anemone* die Hitliste an. Worauf beruht ihr großer Erfolg? Crosland verwendet viel Sorgfalt auf Rapport, Größe und Proportion, wodurch ihre Muster ausgesprochen beruhigend, rhythmisch und unkompliziert wirken. Und umgeben von floralen Motiven fühlt man sich einfach wohl.

FLORENCE BROADHURST (1899–1977)

Extravaganz war das Markenzeichen der Florence Broadhurst. Sie verstand es wie keine Zweite, sich in Szene zu setzen, auch wenn manche sie zu ihrer Zeit eher für aufschneiderisch hielten. So behauptete sie unbeirrbar, dem britischen Adel zu entstammen, obgleich sie aus einem ländlichen Gebiet im australischen Queensland kam. Möglicherweise ist kein einziger Entwurf für die 530 *Florence-Broadhurst*-Tapeten von ihr persönlich, denn sie konnte sehr schlecht sehen. Doch das spielt letztlich keine Rolle – sie war der kreative Kopf der Marke, und ihre Tapeten sorgten in den 1960er- und 1970er-Jahren für eine wahre Designrevolution in Australien.

Zur Tapetengestaltung kam Broadhurst erst spät – zuvor hatte sie unter anderem beim Vaudeville-Theater gesungen, ein Modehaus geleitet und ein Fuhrunternehmen gemanagt. Ihr Atelier eröffnete sie 1959 im Alter von 60 Jahren. In Amerika und Europa waren Tapeten zu dieser Zeit der Gipfel der Mode, in Australien war der Trend allerdings noch nicht angekommen. Broadhurst fühlte sich dazu berufen, ihren eher konservativen Landsleuten auffällige Muster in kräftigen, elektrisierenden Farbkombinationen nahezubringen, zum Beispiel Fuchsienrosa mit Zitronengelb oder Limettengrün mit leuchtendem Orange.

Ihre Entwürfe lassen sich nur schwer in Kategorien einordnen, sämtliche Genres sind vertreten – von drolligen Tierfiguren über abstrakte Formen bis hin zu exotischen Blüten. Auch in der Technik variieren sie stark: Einerseits begeisterte sich Broadhurst für die neuen Hightech-Metallic-Tapeten aus den USA und experimentierte mit Mylarfolie (einem abwaschbaren, reflektierenden Material), andererseits mischte sie ihre Farben selbst in einer alten Küchenmaschine und bestand grundsätzlich auf Handsiebdruck.

Mit ihren schönen und außergewöhnlichen Tapeten hatte Florence Broadhurst Mitte der 1970er-Jahre den australischen Markt erobert. 1977 fiel sie in ihrem Atelier in Sydney einem brutalen, bis heute nicht geklärten Mord zum Opfer. Die Firma wurde geschlossen. Als der australische Tapetenhersteller Signature Prints jedoch zehn Jahre später auf Broadhursts Archiv stieß, erkannte er das Potenzial sofort und legte die Entwürfe ab 1989 neu auf. Heute sind die Tapeten weltweit erhältlich und begeistern eine neue Generation. David Lennie, Geschäftsführer von Signature Prints, sagt dazu: „Florence Broadhursts Tapeten sind hervorragend gestaltet; sehr großzügig dimensioniert und bestechen durch die raffinierte, moderne Farbgebung. Ihre leidenschaftliche Lust am Experimentieren ist unverkennbar."

BLICKFANG

Lebhafte Muster brauchen eine Wand für sich. Unten präsentiert sich ein kräftiges Dessin an einer Trennwand als unübersehbarer Raummittelpunkt. Doch auch die traditionelle Blümchentapete kann zum dekorativen Ereignis werden – man muss ihr nur Platz lassen, sich zu entfalten. Folgen Sie dem Beispiel oben: Beschränken Sie die Konkurrenz auf ein, zwei schlichte Gegenstände.

MUSTER AN SÄMTLICHEN WÄNDEN

Eine Souterrainwohnung mit niedriger Decke ist nicht gerade die ideale Bühne für großformatig gemusterte Wände – sollte man meinen. Wie dieses Beispiel zeigt, kann aber auch das funktionieren, wenn man es nur mutig genug angeht.

Worin liegt das Erfolgsgeheimnis? Zum einen wurde die Tapete im ganz großen Stil eingesetzt. An einer einzelnen Wand wäre ihre Wirkung verpufft, sie würde Unruhe ausstrahlen und den Raum optisch einengen. Zum anderen ist die Tapete als Einrichtungselement in den Mittelpunkt gerückt, dem gegenüber der neutrale Steinfußboden und der schlichte Essplatz zurücktreten. Die Dekoration greift die Nebenfarben der Tapete auf und fügt sich dadurch gut ein. Und schließlich ist da noch der Sessel mit dem kunterbunten Blumenmuster: Dieser Kontrast ist mit einem Augenzwinkern gesetzt – er gehört einfach dazu, damit die durchgehend dominante Wandgestaltung nicht zwanghaft wirkt.

TAMP & Co L
Coca-Cola

EINE FRAGE DES FORMATS

Einer alten Designregel zufolge gehören Muster mit großen Motiven nur auf große Flächen. Wir alle wissen, Regeln sind dazu da, um gebrochen zu werden: In Wirklichkeit kann eine Tapete mit großem Rapport auch in einem kleinen Raum fantastisch aussehen. Zwar wird das geringe Raumformat durch das überdimensionierte Muster noch augenfälliger, zugleich gewinnt der Raum aber einen Charakter, der mit „optisch zurückweichender" weißer Wandfarbe unmöglich zu erreichen wäre.

Mit dem Gegensatz zwischen Groß und Klein können Sie übrigens auch in weitläufigeren Räumen punkten. So ist in dem großzügigen Speisezimmer rechts die Tapete auf kleine Wandfelder beschränkt, die ein Gegengewicht zu deren großformatigen Motiven darstellen. Den Effekt verstärkt die überdimensionierte Bodenvase auf dem kleinteiligen Stäbchenparkett.

DESIGNERS GUILD

Das britische Unternehmen Designers Guild entstand aus reiner Frustration. „In London gab es in den Sechzigern unzählige hervorragende Innendesigner – aber es gab kein Lifestyle-Dekor, das die Kunden wirklich ansprach", erklärt Firmengründerin und Kreativchefin Tricia Guild. „Ich konnte mich einfach nicht für das begeistern, was auf dem Markt war. Also entwarf ich die Stoffe für meine Arbeit selbst. Dafür überfärbte ich zunächst handgedruckte Textilien, merkte aber bald, dass die meisten nicht wussten, wie sie sie einsetzen sollten. Darum eröffnete ich ein kleines Geschäft an der Londoner King's Road."

Das war Anfang der 1970er-Jahre. Der Laden befindet sich noch immer an derselben Stelle, noch immer ist er angefüllt mit den leuchtenden, erstaunlich vielseitigen Drucken, die so typisch sind für Tricia Guild. Nur läuft inzwischen alles in weitaus größerem Rahmen – heute hat das Geschäft eine Fläche von gut 6000 Quadratmetern, und das Vertriebsnetz umfasst über 60 Länder mit einer Produktpalette von mehr als 3000 Stoffen und 2000 Tapeten.

Ursprünglich war „Wandbekleidung" als Geschäftszweig gar nicht vorgesehen, doch die Designerin stellte schnell fest, dass die Pioniere des Do-it-yourself-Trends sich nach tapezierten Wänden sehnten. 1977 brachte sie mit *Poppy Vase* die erste Blumentapete heraus – sie war ein durchschlagender Erfolg, und florale Muster wurden rasch zu einem Markenzeichen der Designers Guild.

„Blüten spielen in meinem Schaffensprozess eine wesentliche Rolle, sie regen mich zu Muster und Farbwahl an", erklärt Guild. „Sie passen außerdem gut zu unseren übrigen Dekoren – den Unis, den geometrischen Formen und den Streifen." Guild hat die Gabe, auch dem Kunden diese Vielseitigkeit zu vermitteln – ein offenbar auch international gefragtes Talent.

FERM LIVING

Wie viele Menschen kennen Sie, die ein Hellseher dazu brachte, eine eigene Firma zu gründen? Für die dänische Grafikdesignerin Trine Andersen war genau dies der Anstoß, auf den sie gewartet hatte. Sie kündigte ihren Job bei einer Werbeagentur und machte sich mit ihrer Leidenschaft für Grafikdesign, Inneneinrichtung und Mode selbstständig. 2005 eröffnete sie das Grafikbüro Ferm Living. Ins Tapetendesign stieg sie ein Jahr später ein, weil sie kein Wandpapier finden konnte, das ihr gefiel.

Am liebsten interpretiert Andersen Retrodesign auf ihre eigene moderne, geradlinige Weise. Ihre Tapeten sind überwiegend von der Natur inspiriert: „Nichts ist einfacher und zugleich komplexer als Elemente aus der Natur.“ Dabei entwirft sie alles andere als kitschige Blütenzweige. Ihre floralen Muster könnten schlichter und grafischer nicht sein: winterkahle Bäume, Blattsilhouetten, nebeneinandergereihte beerenbesetzte Zweige.

Diese Tapeten sind als Dekor für eine einzelne Wand gedacht oder als Blickpunkt für einen Treppenaufgang, für eine Tür oder aber einen Lampenschirm. Sie verkaufen sich weltweit an Liebhaber minimalistischer, dezidiert skandinavischer Anmut.

KIRK BRUMMEL

Die amerikanische Tapetenfirma Kirk Brummel wurde 1966 von Michael Brummel und Richard Kirkham gegründet. Die handgedruckten Tapeten, die sie mit einer neuen Technik herstellten, nahmen vor allem Einflüsse aus der Kunst der ersten Jahrhunderthälfte auf – Wiener Werkstätte, Klassische Moderne und Nachkriegsmoderne. Brummel frönte damit seiner persönlichen Leidenschaft, denn nach seinem Studienabschluss als Architekt und Designer hatte er noch eine Zeit lang in Wien studiert.

Neben den eher grafischen, linearen Tapeten setzte die Firma, wie Brummel es nennt, „wirklich dekadente“ Entwürfe von interessanten jungen Designern um. Dazu zählte auch Billy McCarty Cooper, einer der gefeierten Interior Designer im London der Sixties, der Empfangsräume für Rothschild und Vidal-Sassoon-Salons in Beverly Hills gestaltete. Seine Arbeiten für Kirk Brummel waren absolut extravagant, etwa die Kollektion Luxuriants mit riesigen exotischen floralen Motiven in Signalfarben – genau das Gegenteil der kühlen, abstrakten Tapeten der übrigen Produktion. Sie waren ein großer Erfolg, und in den 1970er-Jahren konnte die amerikanische Firma ihren Handel auf Europa ausweiten.

Heute gehört Kirk Brummel zum Heimtextilunternehmen Brunschwig & Fils, doch das charakteristische Design gibt es noch immer – und nach wie vor handgedruckt: „Handdruck verleiht der Farbe eine wunderbare Intensität“, erklärt Brummel. „Die typischen leichten Unregelmäßigkeiten sind Teil des künstlerischen Ausdrucks.“ Im Jahr 2007 entschloss sich Brummel, einige von Coopers Luxuriant-Entwürfen neu aufzulegen. „Bei den Formen gibt es wohl einen Trend zu etwas mehr Opulenz“, erklärt er. „Und opulent sind diese Entwürfe allemal.“

NICHT NUR IM WOHNZIMMER

Jeder noch so funktionale Raum wird durch die richtige Tapete schlagartig aufgewertet. Die Besitzerin dieses barrierefreien Badezimmers wollte den zweckgerichteten Einbauten keinesfalls die Herrschaft überlassen und ließ den Raum mit einem großformatigen, leicht surrealen Liliendesign tapezieren. Da sie für den Flur dieselbe Tapete verwendete, wirken beide Räume großzügiger.

TAPETE – MEHR ALS NUR EIN WANDKLEID

Die ersten Buntpapiere wurden vor allem für das Innenleben von Kästen und Truhen verwendet. Heute, da die Tapete von der Rolle kommt, denken wir meist nur an große Flächen, doch auch hübsch beklebte Möbel sind eine Aufwertung für jede Wohnung.

Mit Tapete können Sie zum Beispiel eine alte oder nichtssagende Kommode in ein wahres Schmuckstück verwandeln. Es ist ganz einfach – hier eine Anleitung in sechs Schritten:

1. Schrauben Sie sämtliche Griffe ab, schleifen Sie die gesamte Außenfläche an und wischen Sie alles mit einem feuchten Tuch ab.

2. Ziehen Sie die Schubladen heraus und nummerieren Sie sie. So kommt jede wieder an ihren Platz.

3. Legen Sie die Tapete mit der Dekorseite nach unten auf den Arbeitstisch. Je nach Tapetenmuster müssen Sie darauf achten, dass sie es richtig ausrichten. Stellen Sie die Schubladen jeweils mit der schmalen Vorderseite darauf, in derselben Anordnung, in der sie auch in der Kommode stecken. Zeichnen Sie mit dem Bleistift den Umriss der Schublade auf und notieren Sie auch die Nummern.

4. Streichen Sie die Flächen der Kommode in der Grundfarbe der Tapete. So fällt es auch nicht weiter auf, wenn das Papier nicht jede kleine Ecke bedeckt.

5. Schneiden Sie die Tapetenstücke mit dem Cutter entlang einer Reißschiene aus. Verwenden Sie Tapetenkleister oder Bastelkleber zum Aufkleben auf die Schubladenfronten. Dann bürsten Sie Luftblasen und Kleistertropfen mit der Tapetenbürste aus und wischen überschüssigen Kleister ab.

6. Über Nacht trocknen lassen. Zum Schutz tragen Sie mehrere Schichten Klarlack auf.

Nicht nur die Außenseite der Möbel eignet sich zum Dekorieren: Auch ein innen tapezierter Schrank sieht toll aus. Kleiden Sie einen Geschirrschrank mit Fenstertüren mit Ihrem Lieblingsmuster aus, und schon verbindet sich das Schöne mit dem Nützlichen. Oder setzen Sie bei einem Schrank mit massiven Türen auf den Überraschungseffekt.

INS BLICKFELD GERÜCKT

Mit Tapete verhelfen Sie einem meist eher unscheinbaren Bereich wie Treppenhaus, Flur oder Gästetoilette zum großen Auftritt. Gerade in diesen höchstens spärlich möblierten Bereichen können Sie getrost aufs Ganze gehen. Ein paar originelle Ideen finden Sie hier:

1. Lassen Sie den nüchternen Einbauschrank im Flur hinter einer Panoramatapete verschwinden und bekleben Sie die Innenseite der Türen mit kontrastfarbiger Tapete für zusätzlichen Effekt.

2. Tapezieren Sie Wände und Decke eines kleinen Flurs oder Gästebads mit einer stark gemusterten Tapete. Selbst enge, kleine Räume bekommen so einen Hauch von Glamour.

3. Betonen Sie bewusst die Länge eines schmalen Flures, indem Sie beide Wände in einem geometrischen Muster tapezieren.

4. Inszenieren Sie einen Treppenaufgang mit überdimensionierten Blütenmotiven und machen Sie ihn so zum Erlebnis. (Übrigens: Kräftige Muster verschmerzen viele Gebrauchsspuren.)

48

einzigartige Blumenapeten

für fantastische Wohnräume

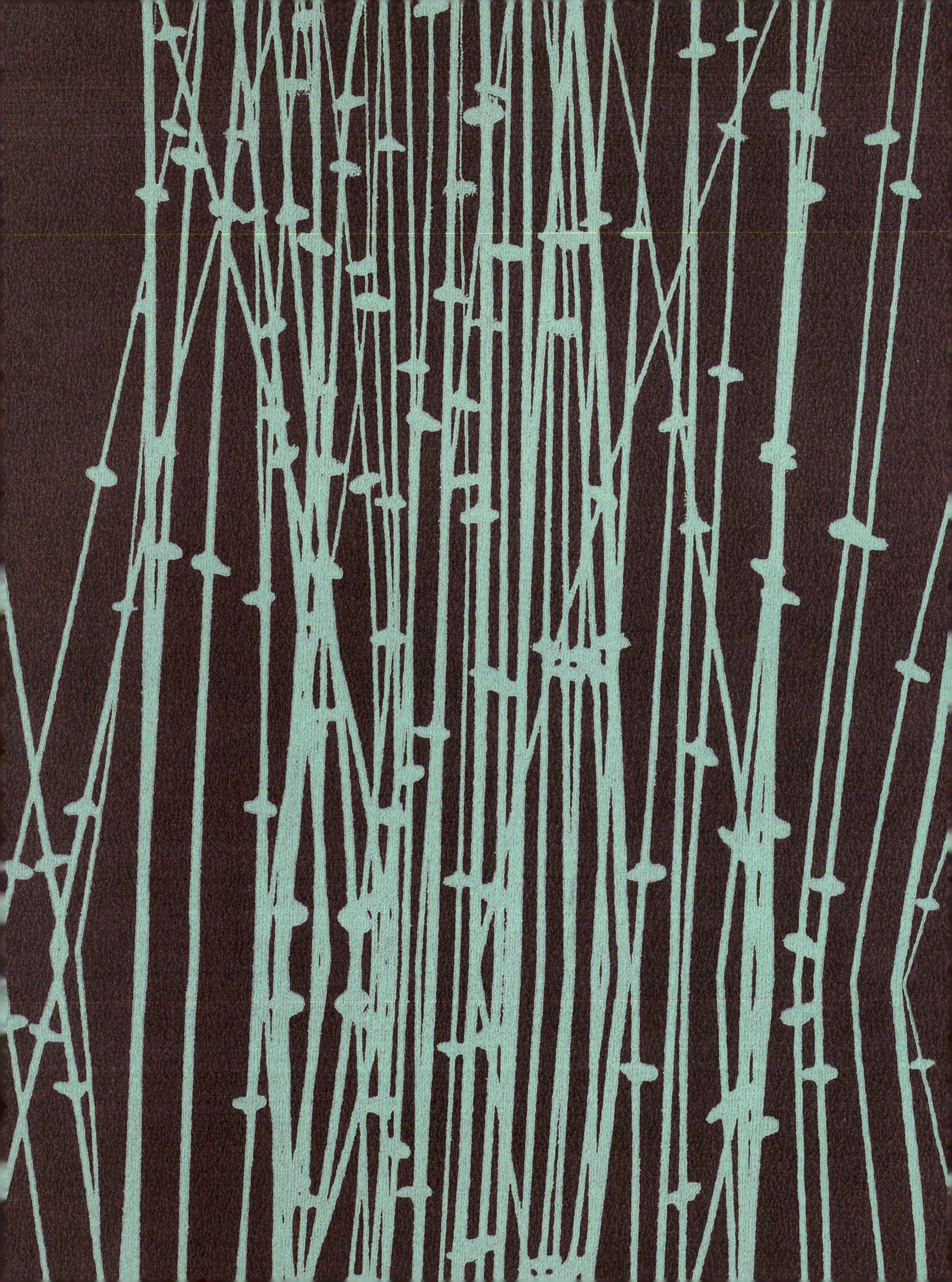

Bildwelten

Fast von Anfang an wurden nicht nur gemusterte Tapeten, sondern auch solche mit bildlichen Darstellungen angeboten. Das Spektrum reichte dabei vom einfachen Stillleben als Musterrapport über die fotorealistische Wiedergabe von Textilien bis hin zum extravaganten Landschaftspanorama, das dem Fernweh entgegenwirken sollte.

CHINOISERIE

Die exotischen Chinatapeten, auch Pekingtapeten genannt, gelangten erstmals im 17. Jahrhundert durch die Ostindien-Kompanien nach Europa. Sie vervollständigten die modischen Sammlungen chinesischer Dekorationsgegenstände. Vorbild waren die bemalten seidenen Wandbehänge der chinesischen Elite. Diese Papiere wurden überwiegend in Kanton für den Export gefertigt und bestanden aus besonders haltbaren Pflanzenfasern. Es waren weltweit die ersten Tapeten mit einem durchgehenden Bild anstelle eines Musterrapports. Dennoch wurden sie nicht nahtlos aneinandergefügt, sondern die Segmente wurden durch Stücke aus schlichtem Papier getrennt.

Die frühesten dieser Wandpapiere stellten Szenen aus dem chinesischen Alltag dar, beispielsweise Bauern bei der Arbeit im Reisfeld. Ende des 17. Jahrhunderts waren Darstellungen von Vögeln und Blumen auf grünem oder dunkelrosa Untergrund an ihre Stelle gerückt. Wie die Wissenschaftlerin Hildegard Hutzenlaub erklärt, waren viele der Planzen- und Tiermotive Glückssymbole, deren Bedeutung dem europäischen Betrachter verborgen blieb. Was hier zählte, war die dekorative Qualität dieser Malereien.

Nach einem eher zögerlichen Anfang entwickelten sich die Pekingtapeten bis zu den 1740er-Jahren zur bevorzugten Wandbekleidung in den Schlössern und Residenzen Europas. Sie waren nicht billig: 1769 zahlte man in England für eine einzige Bahn um 63 Shilling – dem stand ein Preis von rund 9 Shilling für eine ganze Rolle Velourspapier von guter Qualität gegenüber.

Der Import echter Chinatapeten konnte der steigenden Nachfrage bald nicht mehr gerecht werden. Dies war die Gelegenheit für die britischen Tapetenmanufakturen, selbst in die Produktion von Tapeten „im Chinastil" einzusteigen und die sogenannten Chinoiserien zu schaffen. Die beliebten Blütenbäume und Figuren wurden im Prägedruckverfahren aufgebracht und handkoloriert. Die Erzeugnisse waren durchaus ansehnlich, ließen jedoch die Akkuratesse und nuancierte Farbgebung der chinesischen Vorbilder vermissen.

1790 ließ die Begeisterung allmählich nach, und besonders die französischen Trendsetter hängten ihr Herz nun an die Panoramatapeten heimischer Produktion. In Zeiten der Globalisierung erfreuen sich asiatische Motive inzwischen wieder einiger Beliebtheit.

DIE PANORAMATAPETE

Panoramatapeten griffen das Vorbild der Chinatapeten auf und knüpften an die große Faszination an, die von den gemalten Panoramen damals ausging. Sie tauchten erstmals in Frankreich zu Beginn des 19. Jahrhunderts auf und zeigten Landschaften, historische Szenen oder aber mythologische und biblische Geschichten. In der Art eines Wandgemäldes liefen die Tapetenbilder um den ganzen Raum. Vor allem das aufstrebende Bürgertum sah in ihnen eine willkommene Alternative zu den gemalten Wandtafeln der Aristokratenpaläste.

Die ersten Exemplare wurden in reiner Handarbeit gemalt. Nach 1830 wurden sie meist mit dem Druckstock auf Endlospapier gedruckt. Dennoch blieb die Herstellung mühselig, da jedes einzelne Panorama zwischen 100 und 4000 Druckstöcke erforderte. Zwei französische Hersteller beherrschten diesen Markt: Die Manufaktur Zuber & Cie produzierte 1804 mit *Vues de Suisse* die allererste Bildtapete, im selben Jahr druckte Dufour *Die Reisen des Kapitän Cook* und verlegte ebenfalls berühmte topografische Tapeten, so etwa um 1815 *Les Monuments de Paris*, die historisch bedeutende Pariser Gebäude mit ein wenig künstlerischer Freiheit an den Ufern der Seine anordnete. Die deutschen Tapetenfabriken, die in der Mehrzahl in der ersten Hälfte des 19. Jahrhunderts gegründet wurden, produzierten vor allem Mustertapeten und brachten wichtige Materialinnovationen hervor. In Deutschland erhaltene historische Panoramatapeten stammten aus französischen Manufakturen. Auch jenseits des Atlantiks entstanden zu dieser Zeit einige Tapetenfabriken, den Hauptbedarf deckten jedoch Zubers Panoramatapeten mit Amerikathematik ab.

Außerhalb Frankreichs wurden den Bildtapeten zumeist echte Wandmalereien vorgezogen. Dies hat sich erst durch den Digitaldruck geändert: Heute sind fotorealistische Bildtapeten so problemlos und kostengünstig herzustellen, dass sie sich allmählich wieder zu einem Trend im Wohndesign entwickeln.

TOILE DE JOUY

Unter Toile de Jouy verstehen wir heute ganz allgemein einen Stoff oder eine Tapete mit einfarbigen kleinen Szenen und Ornamenten, meist in Rot, Blau, Violett oder Hellbraun. Die Ursprünge reichen zurück ins 18. Jahrhundert zur Manufaktur Oberkampf in Jouy-en-Josas, wo Kupferstiche verwendet wurden, um Kattun mit Szenen aus dem Landleben oder historischen Ereignissen zu bedrucken. Die dekorativen, dank der monochromen Farbgebung aber äußerst dezenten Muster gehören zu den großen Designklassikern und werden heute auch mit Elementen von Großstadtansichten neu interpretiert.

Ideen

Bildtapeten ziehen die Aufmerksamkeit in ganz anderer Weise auf sich als Mustertapeten. Dennoch sind sie meist sehr unkompliziert und belebend. Verwenden Sie sie nicht als Hintergrund für Gemälde und Dekoration, sondern bringen Sie Ihre Bildtapete bewusst zur Geltung.

WOHNINSELN

Wenn sich in Ihrer Wohnung alles um einen großen multifunktionalen Raum ohne Zwischenwände dreht, ist eine Bildtapete das beste Mittel, um dennoch einen Wohnbereich zu definieren. Die Beispiele auf diesen Seiten zeigen dafür verschiedene Möglichkeiten. Das Trompe-l'œil-Bücherregal rechts lässt eine gemütliche Leseecke entstehen. Aber auch ohne architektonische Raffinessen erzielen Sie großartige Effekte, wenn Sie eine glatte Wand ganz oder teilweise mit Ihrer Lieblingstapete bekleben. Der häufig leicht unterkühlten Raumwirkung des Lofts können Sie kräftige Farben entgegensetzen: Bei der Gestaltung auf dieser Seite sorgt die originelle Bildtapete für Wärme und Gemütlichkeit.

DORKENWALD-SPITZER

Sarah Dorkenwald und Ruth Spitzer waren schon immer begeistert von Themen wie Mobilität, Adaptation und Transformation. 2002 gründeten sie in Toronto ihr Designstudio Dorkenwald-Spitzer mit dem ausdrücklichen Ziel, diese eher abstrakten Begriffe visuell umzusetzen. Eines der Resultate ist ihre außergewöhnliche Neuinterpretation der Trompe-l'œil-Tapete.

Ihre Kollektion Wallfurniture, digital auf lichtechter, abwaschbarer Vliestapete gedruckt, besteht aus hyperrealen Fotodrucken komplett eingerichteter Zimmer. „Bei der Kollektion hatten wir unsere mobile Gesellschaft im Blick", erklärt Dorkenwald. „Die aufgedruckten Möbel und Wohnaccessoires ersetzen eine tatsächliche Einrichtung." Spitzer ergänzt: „Wallfurniture schafft ein Zuhause auf Zeit, die Tapeten sorgen für ein wenig Behaglichkeit. Man hat den Eindruck, schon richtig angekommen zu sein, auch wenn das gerade erst bezogene Zimmer noch vollkommen leer ist." Wallfurniture bildet aber beileibe keine Durchschnittseinrichtung ab, sondern hier handelt es sich um optische Täuschung für Kenner: Neben Alltagsgegenständen wie Staubsaugern und Laufschuhen finden sich hier die Designikonen des 20. Jahrhunderts: Le Corbusiers Sofa *LC2*, Harry Bertoias Drahtstuhl *Diamond* oder der *Lounge Chair* von Charles und Ray Eames.

„Wallfurniture spielt nicht nur mit der Illusion eines Fantasieraums", erklären die Designerinnen. „Ein Reiz besteht auch in der humorvollen Gegenüberstellung von Alltäglichem und diesen berühmten Designikonen."

THEMENWÄNDE

Eine Tapete, die nur einen einzigen Gegenstand abbildet, hat schon Kunstcharakter. Mit dem Digitaldruck erleben wir einen Trend zur optischen Täuschung, wie man sie seit dem 18. Jahrhundert in Frankreich nicht erlebt hat. Die britische Designerin Deborah Bowness war eine der Ersten, die mit modernem Trompe-l'œil experimentierten. Ihre Motive sind bewusst prosaisch – Stehlampen oder Kleider, die durch dreidimensionale Dinge ergänzbar sind. Zu ihrer Tapete *Frocks and Hooks* (links oben) beispielsweise ist ein passender Satz Kleiderbügel erhältlich. „Das reale Kleid neben der optischen Illusion wirkt seltsam, irritierend – es wirft Fragen auf", sagt sie. „Genau darum geht es. Die Leute sollen zwischen Realität und Illusion hin- und herspringen."

ROGER NICHOLSON (1922–1986)

Roger Nicholson studierte Malerei am Royal College of Art (RCA) in London, verdiente seinen Lebensunterhalt dann jedoch mit Industriedesign. Das Gestaltungsbüro, das er 1945 mit seinem Bruder Robert gründete, galt damals als eines der vielversprechendsten Englands.

1958 wurde Nicholson als Professor für Textiles Gestalten an das RCA berufen. Aus einer Zusammenarbeit mit dem einflussreichen Verband der Wallpaper Manufacturers Ltd (W.P.M.), dem 98 Prozent der englischen Tapetenhersteller angehörten, ergab sich seine revolutionäre Kollektion Palladio. Die bei Künstlern in Auftrag gegebenen Entwürfe wurden von den W.P.M.-Firmen Lightbown & Aspinall sowie Sanderson umgesetzt und zielten vorrangig auf Architekten als Käufer bzw. Vermittler ab. Die Tapeten wurden handgedruckt, um die Künstler nicht durch das Format der Druckmaschinen einzuschränken. Mit ihren überwiegend abstrakten Motiven und riesigen Rapports war diese Kollektion nichts für die Gartenlaube – man sah sie überwiegend in öffentlichen Gebäuden und Geschäftshäusern, und dennoch übte sie einen gewaltigen Einfluss auf den Zeitgeschmack aus.

Nicholson war vor allem bekannt für seine Arbeiten im Bereich der industriellen Formgebung, bei denen er seinen künstlerischen Ansatz einbrachte. Michael Parry, ehemaliger Geschäftsführender Direktor von Sanderson, kommentiert: „Nicholson setzte seine Alltagsbeobachtungen mit großer Sparsamkeit, Klarheit und Überzeugungskraft in Zeichnungen um.“ Das wird auch in seinen Illustrationen deutlich. *Hopscotch* und *Locomotion*, 1955 bzw. 1958 für Lightbown & Aspinall entworfen, präsentieren ihre jeweilige Thematik (Kinderspiele bzw. Transportmittel) extrem naturgetreu. Zugleich sind die Darstellungen auf das Wesentliche reduziert, und der Rapport ist so gut strukturiert, dass sie für den Privatbereich perfekt sind. Zoë Hendon, Chefkuratorin des Museum of Domestic Architecture der Middlesex University, sagt dazu: „Roger Nicholsons bildhafte Tapetenmuster sind wunderbar unkompliziert und spielerisch. Mit ihrer lockeren Art sind sie nach wie vor besonders attraktiv und amüsant.“

SCHEIN ODER SEIN

Auch Tracy Kendalls Entwürfe spielen mit optischer Täuschung. Die auf diesem deckenhohen Digitaldruck abgebildeten Teller stehen gleich daneben noch einmal im Regal, sodass man sich fast fragt, was nun echt ist und was nicht. Durch die Wiederholung und Vervielfältigung des Motivs lässt die Tapete den Raum größer erscheinen.

PANORAMA MODERN

Panoramatapeten schmücken einen Raum mit einem Bild, das eine Wand füllt oder sich über mehrere Wände fortsetzt, teils sogar über den ganzen Raum. Erstmals kam die Idee im 19. Jahrhundert nach Europa und erfreute sich in Frankreich, wenig später auch in Amerika besonderer Beliebtheit.

Dank Digitaldruck und der größeren Bereitschaft, mutige Dekors einzusetzen, erleben Bildtapeten heute ihr Comeback: Jetzt ist unsere tatsächliche Umgebung das Thema. Wir holen uns ganze Stadtlandschaften ins Haus, wie in der Einbauküche rechts, oder auch Reproduktionen von Wohnräumen, wie in dem Bild daneben. Diese Fototapeten sprechen ein global orientiertes, urbanes Publikum an, das zu weit gereist ist, um sich noch für die Abbildung exotischer Landschaften zu begeistern, die vor 150 Jahren so en vogue waren.

Es gibt aber auch hier einen sehr interessanten Retrotrend: Hersteller wie Zuber & Cie oder die US-amerikanische Firma Gracie legen klassische Panoramatapeten und üppige Chinoiserien neu auf, die in Kombination mit geradlinigen, modernen Möbeln überraschend zeitgemäß wirken (oben). Andere spezialisieren sich auf überzogen kitschige Bilder, so Surface View mit *Lady of the Orient* (rechts oben), für alle, die seit den 1970ern auf die Rückkehr der Fototapete gewartet haben.

FURNITURE

WELTFLUCHT

Eine weitere Variante der Bildtapete ist die moderne Version der klassischen Fantasielandschaft. Sonnenstrahlen, die durchs Frühlingslaub filtern, eine herrschaftliche Allee, ein geradezu vernehmbar rauschender Wasserfall ... für jeden Geschmack gibt es das Passende, und mit ein wenig Tapetenkleister und Sorgfalt – vor allem bei der Reihenfolge der Tapetenbahnen – können Sie jeden Raum vollkommen verwandeln. Für den Blick in die farblich verfremdeten Baumwipfel bearbeitete die Künstlerin Martine Aballea ein Digitalbild, bevor sie es an ihrer Schlafzimmerwand mit einfachen Wasserfarben nachbehandelte, sodass es wie ein Fresko wirkt.

BADEZIMMER MIT AUSSICHT

Fototapeten spielen mit Perspektive und Proportion. Landschaftsfotos wie diese Allee ziehen den Blick in die Tiefe und sind daher perfekt für Räume wie Flur, Gästetoilette und Badezimmer geeignet, die nur selten mit spektakulären Ausblicken aufwarten. Kombinieren Sie in einem solchen Raum nur Möbel, die unter Augenhöhe bleiben, um den Effekt nicht zu verderben. Und nicht vergessen: In diesem Fall ist weniger fast immer mehr. Eine bewusste Ausnahme von dieser Regel stellt das scheinbar vollgestellte Wohn- und Esszimmer im kleinen Bild oben dar – hier ist die Farbe Grün das verbindende Element.

AUGENWEIDE
Bildtapeten müssen keine optische Provokation sein. Anders als die Beispiele auf den vorangehenden Seiten wirkt die Tapete links mit ihrem zurückhaltenden Baummotiv und den sanften Sepiatönen beruhigend, und die Weltkarte oben erscheint in dieser Vergrößerung nahezu abstrakt. Der Gesamteindruck wird in beiden Fällen dadurch unterstützt, dass der Hauptfarbton der Tapete in den Möbeln wiederkehrt – warme Brauntöne im Schlafzimmer, Taubenblau im Wohnzimmer.

FROMENTAL

„Das Wunderbare an der Chinoiserie ist die Würde ihres Alters", sagt Tim Butcher, die eine Hälfte des britischen Tapetenduos Fromental. „Die Chinamode hat eine wunderbare Tradition, sie ist so dekorativ und zeitlos, dass sie zu jeder Architektur passt." Er muss es wissen: Bevor er 2005 mit seiner Frau Lizzie Deshayes und Finanzchef Dave Jones das Atelier für handgedruckte Tapeten gründete, war er Kreativchef bei de Gournay, dem weltweit führenden Haus für Chinoiserien. Dennoch waren die Pekingtapeten ursprünglich nicht Teil des Geschäftsplans. Deshayes: „Anfangs haben wir wesentlich modernere Entwürfe vorgestellt. Die Kollektion Chinoiserie ist eine Reaktion auf die Nachfrage."

Fromentals Chinoiserie mag zwar durch prunkvolle traditionelle Vorlagen aus dem 18. Jahrhundert inspiriert sein, in der Umsetzung ist sie aber originell und absolut modern. Der Durchbruch gelang, als Butcher, der aus der Modebranche kommt, Papier besticken wollte. Sein erster Entwurf war eine Stickerei mit verzwirntem Seidengarn auf Seide. Das Resultat war so elegant und außergewöhnlich, dass er beschloss, auch seine Chinatapeten zu besticken. „Wir fanden es unglaublich, dass diese beiden alten Traditionen noch nie zuvor kombiniert worden waren", erinnert sich Deshayes. „Wir haben diesen Schritt nie bereut – und unsere Kundschaft auch nicht."

Fromentals Tapeten werden alle in dem Londoner Atelier entworfen und in Werkstätten nordöstlich von Shanghai in reiner Handarbeit gefertigt. Dort wird Seide bemalt und bestickt und dann per Hand auf das nach traditioneller Methode hergestellte Papier aus dem Bast des Papiermaulbeerbaums aufgebracht. Es ist ein mühsamer Prozess – manche Bahnen erfordern über 150 Arbeitsstunden. Es handelt sich also nicht um eine normale Papiertapete – dies ist die Haute Couture der Wandbekleidung. Wo also wird sie eingesetzt? „Traditionell schmückten Chinoiserie-Tapeten Schlafzimmer, Salons und Esszimmer", erklärt Butcher. „Wir beobachten aber heute, dass die Leute sie auch gern an ungewöhnlicheren Stellen anbringen – Treppenaufgängen und Fluren und sogar in Küchen. Zum Glück ist das Material auch für diese stark beanspruchten Bereiche geeignet."

Und was sagen die Designer zu der Debatte Themenwand kontra Rundumtapete? Deshayes und Butcher sind sich einig: „Tapete erwacht erst dann zum Leben, wenn sie an allen vier Wänden angebracht wird. Nur so taucht man wirklich ein."

KINDERZIMMER

Seit den 1870er-Jahren werden Kinderzimmer mit Bildtapeten geschmückt. Ursprünglich ging es darum, den formbaren Geist zu prägen und zu bilden, daher waren die beliebtesten Themen historische Ereignisse und Darstellungen wohlerzogener Kinder bei lehrreichem Spiel.

Heute stellt die Tapete kein Instrument der Bildung und moralischen Erziehung mehr dar, sondern sie darf einfach dekorativ sein und Spaß machen. Nur das Alphabet als Motiv hat noch immer eine treue Anhängerschaft. Fußballvereine und Fernsehserien dominieren den Massenmarkt, doch es finden sich auch schön gezeichnete Bilder wie diese Flamingos.

Kinderzimmer sind meist recht voll, weshalb unruhige Rapports mit Vorsicht zu genießen sind – schließlich ist Reizüberflutung nicht gerade schlaffördernd. In diesem Zimmer passt die Tapete ideal zur Einrichtung in schlichtem Weiß.

TRADITIONELLE PANORAMEN

Eine Sammlung von Lithografien und Zeichnungen aus dem 19. Jahrhundert lieferte die Inspiration für de Gournays Bildtapete *North American River Views* aus dem Jahr 2006. Der traditionelle Entwurf entstand in Zusammenarbeit mit dem New Yorker Interior Designer Thomas Jayne. Die erzählerischen Landschaftsszenen zeigen die Auen des Mississippi-Deltas mit Plantagenhäusern und Raddampfern, Ansichten des Hudson River und die Berglandschaft um die Niagarafälle. Die Tapete schmückt Esszimmer und Eingangshallen auf der ganzen Welt.

Ein solches Panorama wird nur auf Bestellung gefertigt. Eine exakte Vorlage sorgt für die nahtlosen Übergänge zwischen den einzelnen von Künstlern handgemalten Bahnen. Die Herstellung ist zeitaufwendig und erfordert große Kunstfertigkeit, was sich natürlich im Preis niederschlägt. Sollten Sie in einen solchen Panoramablick investieren wollen, empfiehlt sich eine Praxis aus dem 19. Jahrhundert: Ziehen Sie die Bahnen auf Holztafeln auf, anstatt sie direkt an die Wand zu kleben – auf diese Weise können Sie sie beim nächsten Umzug ohne Weiteres mitnehmen.

ZUBER & CIE

1804 druckte die elsässische Manufaktur Zuber & Cie die weltweit erste Panoramatapete. *Vues de Suisse*, ein Entwurf mit 16 Bahnen des Künstlers und Dessinateurs Pierre Mongin, verzichtete vollkommen auf den klassischen Musterrapport. Vielmehr zeigte sie ein fortlaufendes Landschaftspanorama, das den Raum verzauberte und den Betrachter in idealisierte ferne Gefilde entführte.

Als Hersteller von Trompe-l'œil-Tapeten hatte sich Zuber & Cie bereits einen Namen gemacht, die Draperie-Friese mit vorgetäuschtem Faltenwurf der Firma beispielsweise waren sehr gefragt. Die vollkommen neuartige Bildtapete wurde von wohlhabenden Franzosen mit Begeisterung aufgenommen.

Zwar waren Zuber & Cie nicht der einzige französische Hersteller dieser *Papiers Peints Paysages*, doch im Design wie auf technischem Gebiet war das Unternehmen führend. Anfang des 19. Jahrhunderts entwickelte es den Irisdruck, für den die Farbe mit einem speziellen Pinsel aufgetragen wird, um dann in feinst abgestuften Farbverläufen realistisch wirkende Himmel abzubilden. Der Himmel war auch in Hinsicht auf die Anbringung der Tapete zentral. Er musste besonders hoch sein, meist über die Hälfte des Bogens, damit am oberen Rand so viel abgeschnitten werden konnte wie benötigt wurde, um die Position des Bildes auf die jeweilige Wand anzupassen.

In einem ersten Schritt musste die gesamte Bahn per Hand im Irisdruck grundiert werden. Dieser Fond wurde dann mit Holzmodeln überdruckt. Für jede der zahlreichen Farben – Deltils *Vues d'Amérique du Nord* beispielsweise verwendete 233 Töne – war eine eigene Druckform erforderlich. Die Model selbst waren überdies so fein gearbeitet, dass nicht selten 20 Schnitzer ein ganzes Jahr für ein einziges Panorama beschäftigt waren. Es verwundert daher nicht, dass diese Tapeten lediglich an sehr zahlungskräftige Kunden gingen und Zuber in den 50 Jahren, die die Mode anhielt, nur insgesamt 25 Szenen herausbrachte.

Heute finden solche Panoramen kaum noch Abnehmer – abgesehen vom Preis haben nur wenige Menschen den Platz für eine Tapete von solch monumentaler Breite. Nach wie vor jedoch ist die von Zuber & Cie entwickelte Bildtapete faszinierend.

CHINOISERIE

Tim Butcher und seine Frau Lizzie Deshayes, Gründer der Tapetenmanufaktur Fromental, haben das extravagante, handgefertigte Chinoiserie-Wandkleid aus eigener Produktion in ihrem Wohnzimmer mit üppig gemusterten Möbelstoffen kombiniert.

„Meiner Meinung nach sollte eine Tapete nicht auf ein Podest gehoben werden", meint Lizzie Deshayes. „Schließlich ist sie nur ein Wandbelag. Traditionell dienten die Chinoiserie-Papiere in Empfangsräumen repräsentativen Zwecken, und mit den entsprechend massiven Möbeln wirken sie auch wirklich großartig. Chinoiserie braucht zusätzliche unruhige Muster, sie will nicht allein dastehen. Fest steht jedenfalls: Chinoiserie ist der Albtraum jedes Minimalisten!"

GRACIE

Die 1898 von Charles R. Gracie in Manhattan gegründete Firma begann in den 1920er-Jahren mit dem Im- und Export orientalischer Möbel, Wandschirme und Porzellane. Dass sie seit über 70 Jahren auch anspruchsvolle handgemalte chinesische Tapeten anbietet, ist dabei eher dem Zufall zu verdanken. In den 1930er-Jahren brachte ein mit dem Firmengründer befreundeter Textilhändler einige handgemalte Tapeten aus Peking mit. Gracie war von der exquisiten Ausführung begeistert und sah in den USA einen Markt dafür. Unbeirrt von der Weltwirtschaftskrise und der Tatsache, dass Chinoiserie schon seit Mitte des 19. Jahrhunderts aus der Mode war, richtete er in China eine Werkstatt ein und verschiffte die Tapeten nach Amerika.

„Vor allem meinem Ururgroßvater ist es zu verdanken, dass die Chinatapete im 20. Jahrhundert wieder modern wurde", erläutert Mike Gracie, der den Betrieb heute leitet. „Er war ein brillanter Geschäftsmann – wenn er von der Schönheit und Qualität eines Produkts überzeugt war, brachte er es auch unter die Leute."

Etliche führende amerikanische Interior Designer sahen in den opulenten Tapeten den perfekten Stimmungsaufheller für die Jahre der wirtschaftlichen Depression. Doch trotz der prominenten Fürsprache – der Handel blieb schwierig: Im Zweiten Weltkrieg waren Importe aus China nahezu unmöglich, und bei Gründung der Volksrepublik musste Gracies chinesische Werkstatt nach Taiwan umsiedeln.

Entschlossenheit und mangelnde Konkurrenz ließen die Firma überleben. „Bis vor Kurzem war es unwahrscheinlich schwierig, in China eine Fabrik zu gründen", erklärt Mike Gracie. „Dadurch waren wir die Einzigen, die Chinatapeten von dieser Qualität herstellten. Das ändert sich nun."

Die Firma reagiert auf den Wandel, indem sie mit ihrer langen Tradition wirbt und innovative Produkte lanciert. An der Herstellungweise hat sich nichts geändert, sämtliche Tapeten werden noch immer in China handgemalt, jeweils in hochaktuellen Farbstellungen. Das meistverkaufte Design *SY206* beispielsweise wird auf einem Fond aus Blattsilber gedruckt. „Wir kombinieren althergebrachte Verfahren mit einer modernen Palette zu einer Produktgruppe, die an beiden Welten teilhat", erklärt Gracie. „Niemand macht das auf vergleichbarem Niveau."

CELIA BIRTWELL

Celia Birtwell war eine Wegbereiterin des Textildesigns in den 1960er-Jahren. Von Twiggy bis Marianne Faithfull – alle trugen die zarten, verspielten Kleider, die Birtwell für ihren damaligen Mann entwarf, den Modedesigner Ossie Clark.

1984 wechselte Birtwell ins Wohndesign. Ihre spritzigen handgemalten Entwürfe brachte sie nun auf Bezugsstoffe und Gardinen. Die minimalistischen Neunziger waren eine Durststrecke für alle, die mit Farbe und Muster arbeiten. Durch die neue Lust am Dekorieren in den letzten Jahren sowie mit ihrer spektakulär erfolgreichen Oberbekleidungskollektion für die Edelmarke Top Shop konnte sich Britwell inzwischen wieder in die erste Liga der Stoff- und Tapetendesigner einreihen.

Ihre erste Tapetenkollektion brachte Birtwell 2006 auf Wunsch ihrer Kunden heraus. Von Textilien aus dem 17. Jahrhundert ließ sie sich zu zwei Mustern inspirieren: *Jacobean*, ein dynamisches, flächendeckendes Netz aus Blättern, Zweigen und Blüten, und *Beasties* mit einem Rapport aus faszinierenden Fabelwesen. Die nostalgischen Tapeten werden in traditionellem Flachdruckverfahren hergestellt, wodurch das bezaubernde, an Handmalerei erinnernde Detail der Entwürfe einzigartig zur Geltung kommt.

Beide Tapeten waren ungeheuer erfolgreich, man sieht sie in der ganzen Welt, in Wohnzimmern ebenso wie in Bädern. In ihrer Kundendatei hat Birtwell Künstler wie David Hockney oder bekannte Showgrößen Großbritanniens. Birtwell beobachtet: „Die Leute wagen sich endlich vom sicheren Parkett der Einfarbigkeit herunter, sie beginnen zu experimentieren. Bildtapeten sind ein Rückbezug auf die Vergangenheit, und so setzen sie ein wichtiges Gegengewicht zu unserer hochtechnisierten Zeit."

BILDTAPETEN IN KOMBINATION

Einfarbiger Toile de Jouy ist mit seinen einfachen, idyllischen Motiven eine der wenigen Arten von Bildtapete, die sowohl im Mittelpunkt einer Raumgestaltung stehen als auch hinter Bildern, Möbeln und Accessoires zurücktreten können.

In dem Beispiel oben links wurde die Tapete großzügig eingesetzt und mit Gardinen im selben Muster kombiniert; hier kommt es vor allem auf den Rhythmus des Rapports an. Flächendeckender Toile passt natürlich ideal in ein beeindruckendes französisches Herrenhaus, ebenso schön würde er aber auch in einem ganz normalen Schlafzimmer wirken. Das Wichtigste ist bei dieser Tapete, durch ein einheitliches Farbschema im Raum für Zusammenhalt zu sorgen.

Auch Chinoiserietapeten lassen sich gut mit anderen Mustern kombinieren. Die sanfte Wellenbewegung des hübschen Drucks in chinesischer Manier auf dieser Seite fordert die Zusammenstellung mit anderen Mustern in ähnlichen Farbtönen geradezu heraus. Nicht nur das Dekor, auch die Tapetentüren selbst haben Tradition und verwandeln einen schlichten Einbauschrank in ein Schmuckstück – eine besonders raffinierte Methode, Muster in einen kleinen Raum zu schmuggeln.

einzigartige Bildtapeten

für fantastische Wohnräume

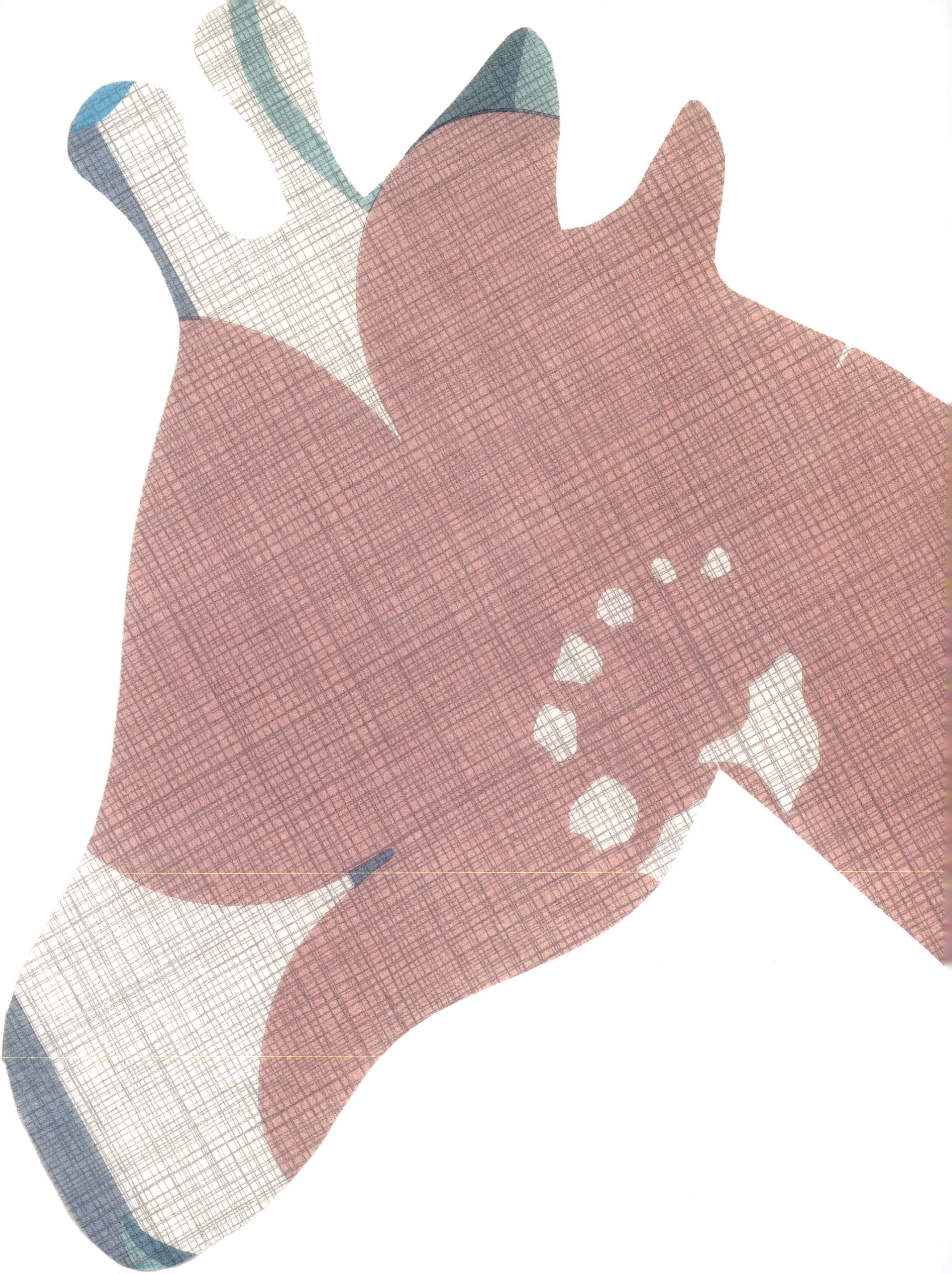

979
Le
CUCINA

London
London
London
London

The London Gazette
Telegraph
Queen for a day

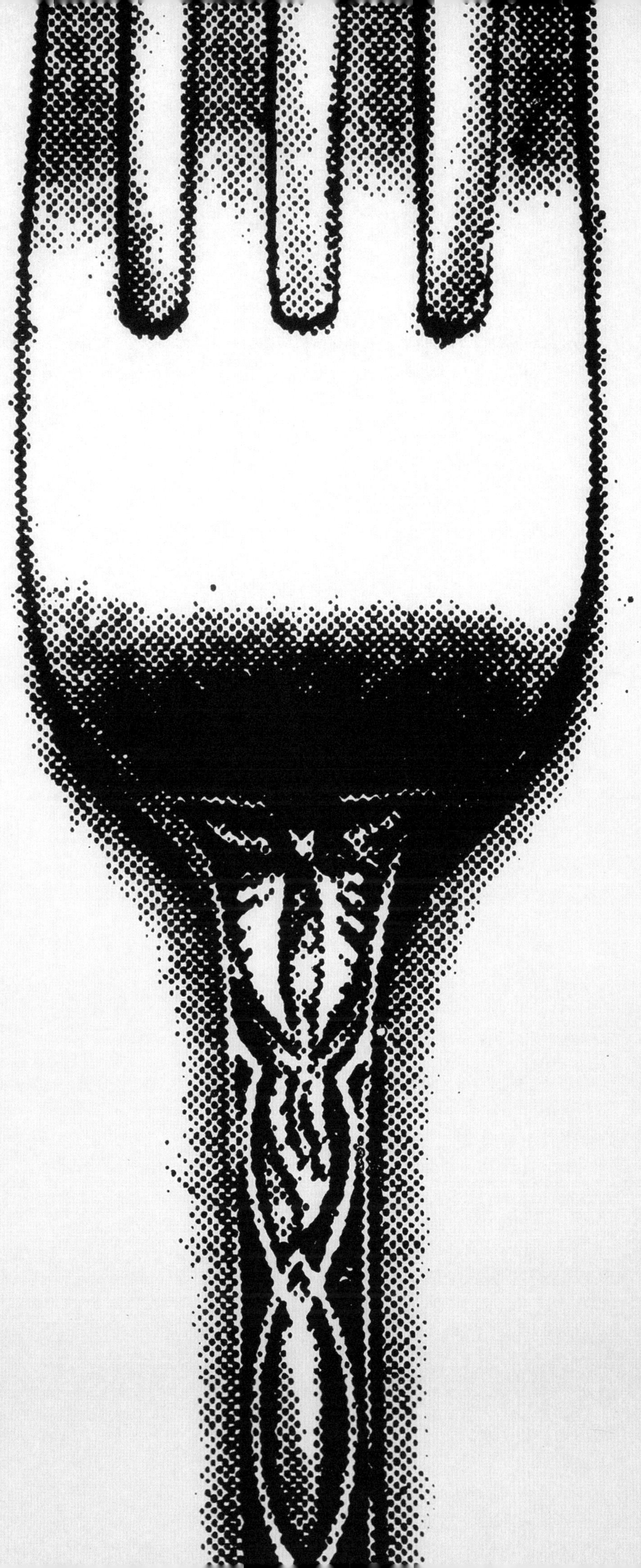

Die Praxis

Werkzeug

Spachtel
große, scharfe Schere oder Tapetenschere, Cutter
Tapeziertisch
Tapezierschiene, Maßband
Lot (Gewicht an einer Schnur)
Eimer (Eine darüber gespannte Schnur dient zum Abstreifen von überschüssigem Kleister und als Ablage für den Quast.)
konischer Nahtroller
Kleisterquast
gute Tapezierbürste
Lammfellrolle
Bleistift
Schwamm
Trittleiter

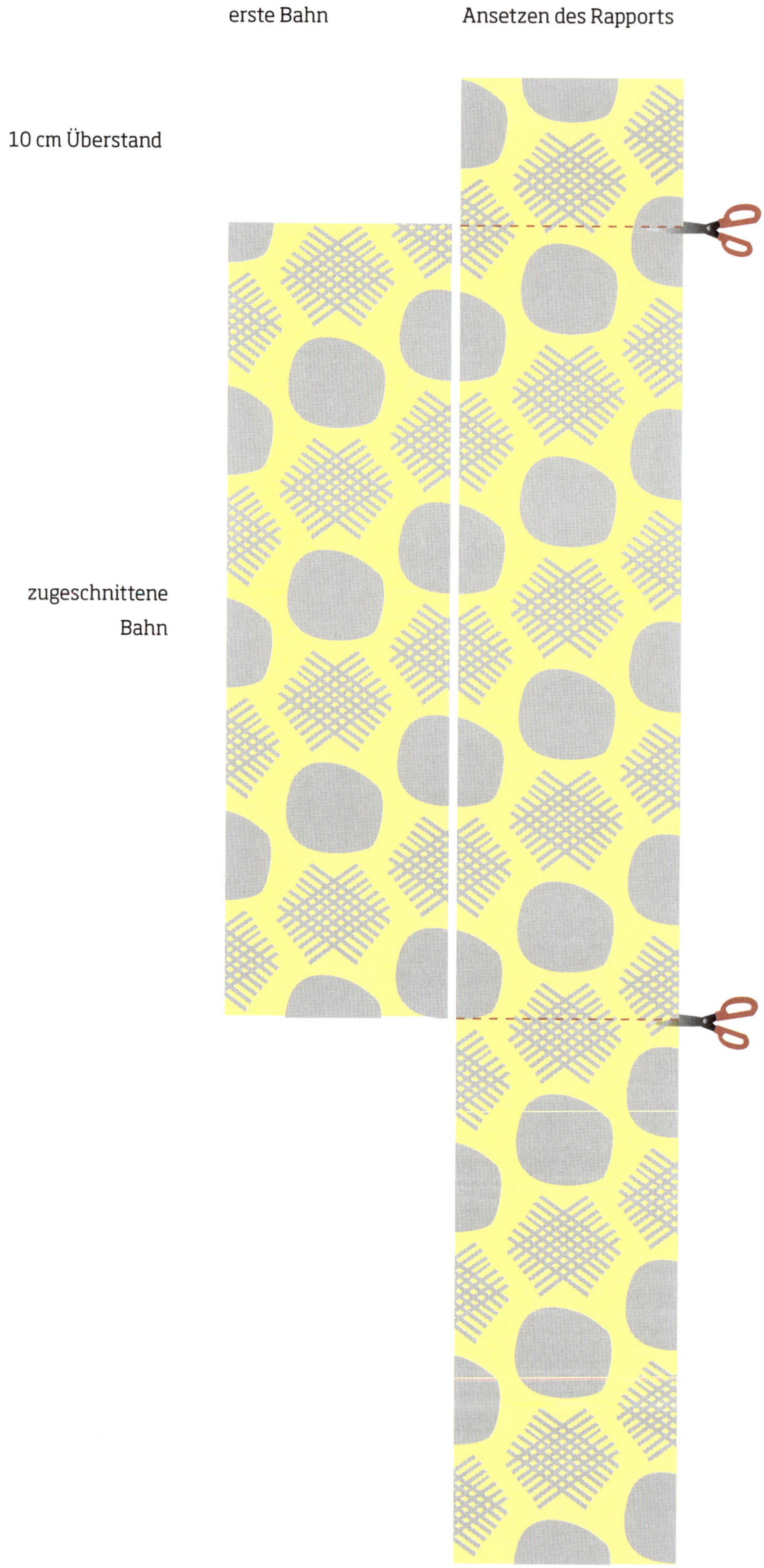

Berechnung des Bedarfs

Berechnen Sie zunächst sorgfältig, wie viel Tapete Sie benötigen. Wenn Sie den Bedarf überschätzen, haben Sie lediglich Material übrig. Wenn Sie aber zu wenig berechnen und Tapete nachkaufen müssen, besteht die Gefahr, dass sie zu einer anderen Druckpartie gehört und nicht exakt dieselbe Farbigkeit hat wie die bereits verarbeitete Ware. Verwenden Sie zum Ausmessen ein Stahlmaßband. Achten Sie darauf, dass sämtliche Tapetenrollen dieselbe Fertigungsnummer haben.

TIPP: *Nehmen Sie den Zettel mit Ihren Wandabmessungen zum Einkauf mit und lassen Sie Ihre Ergebnisse vom Fachpersonal überprüfen.*

1. Messen Sie die Wandhöhe von der Fußleiste bis zur Decke, und zwar an mehreren Stellen im Zimmer. Addieren Sie dann zur Maximalhöhe 10 cm Überstand.

2. Messen Sie alle zu tapezierenden Wände in der Breite aus und addieren Sie die ermittelten Werte.

3. Berechnen Sie nun die gesamte zu tapezierende Wandfläche, indem Sie die Gesamtbreite mit der Höhe multiplizieren.

4. Ziehen Sie dabei nicht die Fensteröffnungen ab, denn das Muster der Tapete muss sich darüber fortsetzen können.

ACHTUNG: *Tapete wird nicht durch Innenecken geführt, sondern dort mit einem Überstand von 1–2 cm abgeschnitten. Setzen Sie in Ecken mit einer neuen Bahn an und überkleben Sie den Überstand.*

Musterrapport

Kalkulieren Sie bei gemusterter Tapete zusätzliche Länge für den Rapport. Der Rapport ist die Höhe des wiederkehrenden Musters, also der Abstand von einer bestimmten Stelle im Muster bis zu seiner Wiederholung. In der Regel ist die Rapporthöhe auf dem Etikett angegeben. Addieren Sie zu Ihrem berechneten Ergebnis eine Rapporthöhe pro Bahn.

Prüfen Sie vor Beginn der Arbeit den Versatz des Musters. Öffnen Sie dazu zwei Tapetenrollen, rollen Sie von beiden etwa zwei Meter ab (nicht abschneiden!), und legen Sie die Bahnen so nebeneinander auf den Boden, dass das Muster in der Breite nahtlos fortgeführt wird. Genau so soll es später an der Wand aussehen.

Tapezieren

1. Gute Vorbereitung ist das A und O. Sämtliche Wände müssen zum Tapezieren sauber, trocken und glatt sein sowie frei von Unebenheiten und Löchern.

2. Makulaturpapier garantiert ein gutes Ergebnis. Es macht aus einer guten Wand eine perfekte und sorgt für eine gleichmäßige Oberfläche, auf der der Kleister einheitlich trocknet. Hängen Sie die Makulaturtapete waagerecht: Auf diese Weise verhindern Sie, dass beim Hängen der Tapetenbahnen zwei Nähte übereinanderliegen. Nur an einer sehr breiten Wand sollten Sie auch das Makulaturpapier senkrecht hängen, da es sonst Falten werfen könnte, besonders wenn der Putz nicht einwandfrei ist. Versetzen Sie in diesem Fall die Tapetenbahn um 3 cm gegen das Makulaturpapier. Lassen Sie die Makulatur vollständig trocknen (bis zu 12 Stunden), bevor Sie die Tapete hängen.

TIPP: *Wenn Sie dunkle Tapete hängen, empfiehlt sich ein schwarzer Grundanstrich, damit zwischen den Bahnen kein Weiß hervorblitzt.*

3. Messen Sie die erste Wand von der Decke bis zur Fußleiste. Rollen Sie die Tapete auf dem Tapeziertisch ab, Dekorseite nach unten, und markieren Sie die Wandhöhe darauf, plus 10 cm Überstand. Ziehen Sie einen geraden Strich quer über die Bahn und schneiden die Tapete mit der Tapezierschere ab.

4. Wenden Sie die Tapetenbahn, rollen Sie eine weitere Bahn ab und richten Sie sie so an der ersten aus, dass das Muster passt. Geben Sie oben und unten Überstand zu, zeichnen Sie an und schneiden Sie auch diese Bahn zu. Bereiten Sie auf diese Weise mehrere Bahnen vor und nummerieren Sie die Zuschnitte fortlaufend in der oberen Ecke.

5. Rühren Sie den Tapetenkleister entsprechend den Herstellerangaben an.

TIPP: *Verwenden Sie für Makulatur und Tapete denselben Kleister, damit die Zugbelastung überall identisch ist.*

6. Entrollen Sie eine Tapetenbahn auf einem sauberen, trockenen Tapeziertisch. Höchstwahrscheinlich hängt sie an den Enden über.

7. Kleistern Sie die Rückseite der Tapete ein. Arbeiten Sie dabei von der Mitte zu den Außenkanten. Sobald der Teil der Bahn, der auf dem Tisch liegt, vollständig eingekleistert ist, legen Sie ihn ziehharmonikaartig zusammen und kleistern auch die Enden ein.

8. Wenn das Zimmer einen Blickfang hat, beispielsweise einen Kamin, beginnen Sie dort. Hier muss das Tapetenmuster perfekt zentriert werden. Hat der Raum keinen Blickpunkt, so beginnen Sie am Fenster und arbeiten sich zu den Ecken vor.

9. Die erste Bahn muss vollkommen lotrecht hängen. Markieren Sie mithilfe des Senkbleis eine senkrechte Linie von der Decke bis zur Fußleiste.

10. Richten Sie die erste eingekleisterte Bahn mit dem rechten Rand an der Lotlinie aus; lassen Sie dabei oben und unten 4–5 cm Überstand, den Sie später abschneiden.

11. Glätten Sie die Tapete mit der Tapezierbürste von innen nach außen.

12. Besäumen Sie den Überstand oben und unten. Dafür fahren Sie mit einer stumpfen Kante am Abschluss entlang und schneiden die Bahn dann an dem so entstandenen Falz ab.

13. Arbeiten Sie im Uhrzeigersinn um das Zimmer, wenn Sie alle Wände tapezieren. Setzen Sie immer die nächste Bahn auf Stoß, also nicht überlappend. Lassen Sie oben und unten Überstand, streichen Sie die Bahn mit der Bürste glatt und besäumen Sie abschließend den Überstand.

Ecken

1. Messen Sie den Abstand zwischen der zuletzt gehängten Bahn und der Zimmerecke an mehreren Punkten. Addieren Sie zur größten gemessenen Breite 1–2 cm und schneiden eine Bahn auf diese Breite zu.

TIPP: *Setzen Sie an Innenecken grundsätzlich neu an, sonst schließen Sie Luftblasen ein und die Tapete wirft Falten. Tapezieren Sie auch offene Durchgänge mit Überstand, Fensternischen dagegen am Stück. Bei Außenecken auf Stoß ansetzen, Überstand nicht überkleben.*

2. Kleistern Sie die beschnittene Bahn ein, setzen Sie sie auf Stoß an und führen den seitlichen Überstand durch die Ecke.

3. Bürsten Sie die Tapete glatt in die Ecke und rollen sie dann mit einem Nahtroller gut fest.

4. Messen Sie die Breite des übrig gebliebenen Streifens. Markieren Sie diese Breite an der nächsten Wand und zeichnen Sie mithilfe des Senkbleis erneut eine Lotlinie an.

5. Setzen Sie den Tapetenstreifen so an, dass die rechte Kante an der Lotlinie anliegt und die linke Kante den Überstand bedeckt, den Sie durch die Ecke geführt haben.

Problembereiche

Eine glatte Wand lässt sich leicht tapezieren – was aber tun Sie bei einem Hindernis? Hier einige Profitipps zum Umgang mit Steckdosen, Lichtschaltern, Treppen und Türöffnungen.

Steckdosen und Lichtschalter

An diesen Stellen sollen die Tapetenränder unter der jeweiligen Dosenabdeckung verschwinden.

1. Stellen Sie den Strom in dem Zimmer, das Sie tapezieren wollen, ab.

TIPP: *Die Lichtschalter und Steckdosen eines Raums sind nicht unbedingt mit derselben Sicherung verbunden – überprüfen Sie, ob alle Anschlüsse „tot" sind! Versorgen Sie eine Arbeitsleuchte über ein Verlängerungskabel mit Strom, damit Sie gut arbeiten können.*

2. Schrauben Sie die Abdeckungen der Steckdosen und Lichtschalter ab; legen Sie Schrauben und Schraubendreher nahebei auf dem Boden ab, damit hinterher beides griffbereit ist. Decken Sie die Wanddose mit Malerkrepp ab.

3. Tapezieren Sie nun über die Wanddose.

4. Schneiden Sie die Tapete über der Dose diagonal ein (s. Abb.) und schneiden Sie die Ecken ab.

5. Ziehen Sie das Malerkrepp ab und schrauben Sie die Abdeckung wieder auf.

6. Schalten Sie den Strom erst wieder ein, wenn die Tapete vollständig getrocknet ist.

Treppen

Tapezieren Sie die Wand neben einer Treppe nur dann selbst, wenn Sie auf Leitern und Planken nicht die Balance verlieren. Tapezieren Sie diesen Bereich genauso wie jede andere Wand, nur dass die untere Kante hier in der Regel schräg verläuft. Achten Sie beim Ausmessen daher darauf, dass Sie stets die längere Seite der neuen Bahn ermitteln. Beginnen Sie grundsätzlich mit dem Anbringen der längsten Bahn. Die Lotlinie ziehen Sie vorher so, dass Sie die längere Seite der ersten Bahn daran ausrichten können.

Türöffnungen

Tapezieren Sie eine Türöffnung genauso wie eine Außenecke. Schneiden Sie den Tapetenüberstand an der Kante diagonal ein. Setzen Sie die Tapetenbahn zunächst oberhalb und dann seitlich der Türöffnung an.

TIPP: *Kleben Sie den Türrahmen mit Malerkrepp ab.*

Abgebildete Tapeten

Jede Tapete ist hier in ganzer Breite und nach Möglichkeit mit mindestens einem vollständigen Rapport abgebildet. Ergänzt wird sie durch Angaben zum Hersteller und, soweit vorhanden, zum Designer; weiterhin angegeben sind der Name des Dessins und/oder die Artikelnummer, die Rollenmaße und die Rapporthöhe sowie die Webadresse.

Lizzie Allen
Jazz in Central Park, Farbstellung: Spring
Rollenmaße: Meterware, Breite 55 cm;
Rapport: 75 cm
www.lizzieallen.co.uk

Barbara Barry für Kravet
Chic Link Net (W3009-81)
Rollenmaße: 10 m x 52 cm
Rapport: 54 cm
www.barbarabarry.com/kravet.com

Florence Broadhurst für Signature Prints
Horses Stampede (FBW/C030)
Rollenmaße: 10 m x 71 cm
Rapport: 68,8 cm
www.signatureprints.com.au

Tracy Kendall
In the White Room
Rollenmaße: auf Bestellung, pro Quadratmeter
ohne Rapport
www.tracykendall.com

Jocelyn Warner
Flora, Farbstellung: Graphic (JWP-904)
Rollenmaße: 10 m x 52 cm
Rapport: 72 cm
www.jocelynwarner.com

Fromental
Funky Bamboo, Farbstellung: Mist
Rollenmaße: auf Bestellung
ohne Rapport
www.fromental.co.uk

Manuel Canovas bei Colefax & Flower
Broadway, Farbstellung: Ecru/Linen
Rollenmaße: 10 m x 52 cm
Rapport: 76 cm
www.manuelcanovas.com

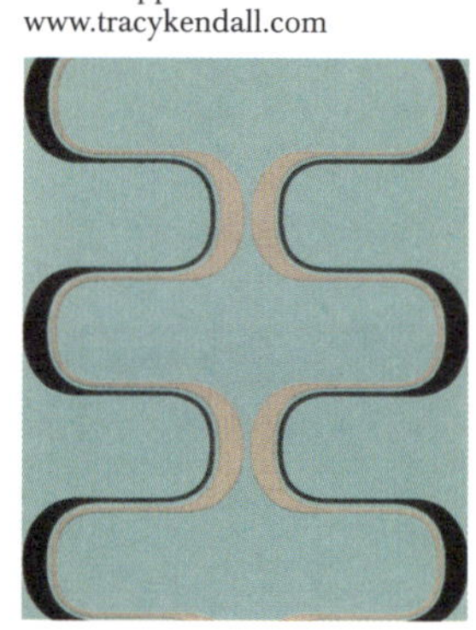

Harlequin
Contour (60645), Kollektion Virtue
Rollenmaße: 10,50 m x 52 cm
Rapport: 26 cm
www.harlequin.uk.com

Manuel Canovas für Colefax & Fowler
Cassis, Farbstellung: Fuchsia (03042/04)
Rollenmaße: 10 m x 52 cm
Rapport: 72 cm
www.colefax.com

Cole & Son
Woodstock, Farbstellung: Orange on Gold (70/5012)
Rollenmaße: 10 m x 52 cm
Rapport: 53 cm (gerader Versatz)
www.cole-and-son.com

Sally Hemphill
Clapper
Rollenmaße: 10 m x 51 cm
Rapport: 11 cm
www.govindiahemphill.com

Élitis
Opium von der Tenue de Soirée Collection (TP 153-01-03)
Rollenmaße: 10 m x 53 cm
Rapport: unbekannt
www.elitis.fr

Cole & Son
Albany Damask Flock (70/1002), Kollektion Classix Exotic Flock
Rollenmaße: 10 m x 52 cm
Rapport: 53 cm
www.cole-and-son.com

Anya Larkin
Artemis
Rollenmaße: Meterware, Breite 101,5 cm ohne Rapport
www.anyalarkin.com

Absolute Zero mit dem Southbank Centre
Net and Ball, Farbstellung: Black
Rollenmaße: 10 m x 52 cm
Rapport: 53 cm (gerader Versatz)
www.southbankcentre.co.uk

Linda Florence
Digital Flock Morphic Damask
individuelle Anfertigung
www.lindaflorence.co.uk

Maya Romanoff
Mother of Pearl, Farbstellung: Fire Coral (MR.MP.22)
Rollenmaße: min. 20 Fliesen
Rapport: 61 cm x 30,5 cm
www.mayaromanoff.com

Harlequin
Alta (15867), Kollektion Arkona
Rollenmaße: 10 m x 52 cm
Rapport: 52 cm (gerader Versatz)
www.harlequin.uk.com

Madison & Grow
Estella, Farbstellung: Berkshires on Parchment, Kollektion Pasadena
Rollenmaße: 4,50 m x 68,6 cm
Rapport: 122 cm (gerader Versatz)
www.madisonandgrow.com

Sydney Albertini für Studio Printworks
Byzantium, Farbstellung: Leander
Rollenmaße: 4,50 m x 68,6 cm
Rapport: 68,5 cm (gerader Versatz)
www.studioprintworks.com

Given Campbell für Studio Printworks
Pipes, Farbstellung: Hinson
Rollenmaße: 4,50 m x 68,6 cm
Rapport: 16,5 cm (gerader Versatz)
www.studioprintworks.com

Larsen
Couture, Farbstellung: Jasper (L6061-07)
Rollenmaße: 10 m x 52 cm
Rapport: 26 cm
www.larsenfabrics.com

Larsen
Backdrop, Farbstellung: Peppercorn (L6063-10)
Rollenmaße: 10 m x 68,5 cm
ohne Rapport
www.larsenfabrics.com

Lambert
Muna (80.006)
Rollenmaße: auf Bestellung
ohne Rapport
www.lambert-home.de

Jane Churchill für Colefax & Fowler
Dorset, Farbstellung: Granite (J099W-03)
Rollenmaße: 10 m x 52 cm
Rapport: 52 cm
www.janechurchill.com

Tres Tintas
Ondas (1967_4)
Rollenmaße: 10 m x 53 cm
Rapport: 53 cm
www.trestintas.com

Romo
Laurito Flock (W319/01)
Rollenmaße: 10 m x 52 cm
Rapport: 41,8 cm
www.romo.com

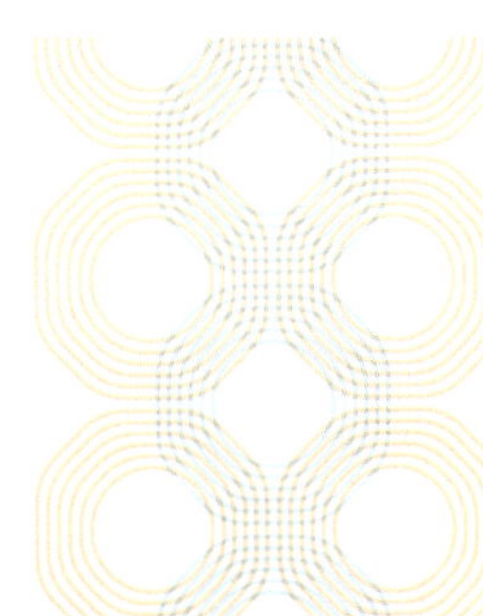

Extratapete GmbH
Lui, Farbstellung: 01 (Art.-No. 010603)
Rollenmaße: 2,50 m/3 m/3,50 m/4 m x 46,5 cm
Rapport: ca. 48 cm
www.extratapete.de

Extratapete GmbH
Anna, Farbstellung: Multi (010501)
Rollenmaße: 2,50 m/3 m/3,50 m/4 m x 46,5 cm
Rapport: 46,5 cm (gerader Versatz)
www.extratapete.de

Brian Yates
Odeon
Rollenmaße: 8,5 m x 70 cm
Rapport: unbekannt
www.brian-yates.co.uk

Basso & Brooke für Graham & Brown
Globe, Farbstellung: Cocoa
Rollenmaße: 10 m x 52 cm
Rapport: 64 cm
www.grahambrown.com

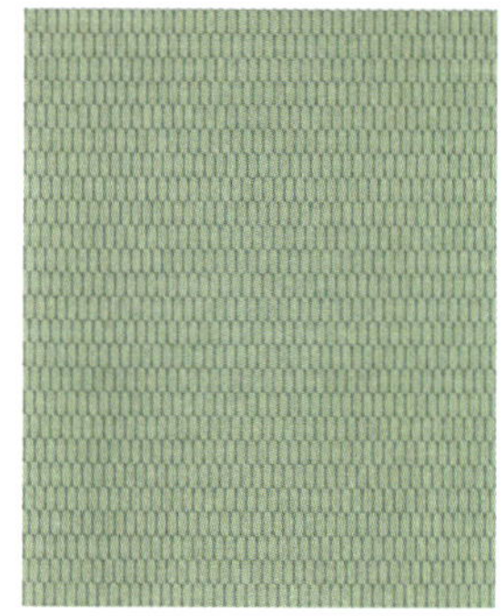

Brian Yates
Zenobia (14203)
Rollenmaße: 8,5 m x 70 cm
Rapport: 4,2 cm
www.brian-yates.co.uk

Studio Printworks
Le Temple des Grec, Farbstellung: Bastille (SPW-W1023-01)
Rollenmaße: 4,50 m x 68,6 cm
Rapport: 58,4 cm
www.studioprintworks.com

Andrea Pößnicker vertrieben von Arte
Lady Light, Farbstellung: Silver Metallic on Kohl Black (3515), Kollektion Pomp
Rollenmaße: 10 m x 70 cm
Rapport: 64 cm
www.pvanb.com

Andrea Pößnicker vertrieben von Arte
Bricks, Farbstellung: Extra Virgin White Foam on Flashy Neon Pink
Rollenmaße: 10 m x 53 cm
Rapport: 64 cm
www.pvanb.com

Maya Romanoff
Komodo Vinyl Type II, Farbstellung: Willow (MR.FV.01667)
Rollenmaße: 27,40 m x 137 cm
ohne Rapport
www.mayaromanoff.com

Nobilis
Darnier Noyer Fonce (PBM56)
Rollenmaße: 6 m x 91 cm
Rapport: 10 cm
www.nobilis.fr

Omexco vertrieben von Brian Yates
Laguna
Rollenmaße: Meterware, Breite 91 cm
Rapport: 64 cm
www.brian-yates.co.uk

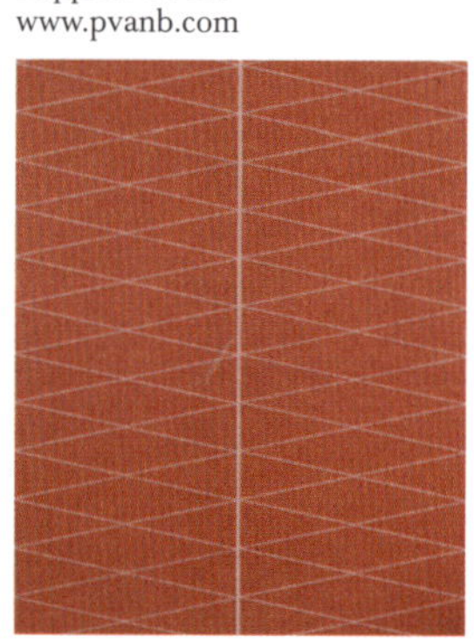

Natasha Marshall für Today Interiors
Bridge, Farbstellung: Berry (GWP146)
Rollenmaße: 10 m x 52 cm
Rapport: 5,4 cm
www.natashamarshall.co.uk

Natasha Marshall für Today Interiors
Billow, Farbstellung: Twilight (ATW527)
Rollenmaße: 10 m x 52 cm
Rapport: 68,5 cm
www.natashamarshall.co.uk

Dedar
Alhambra, in Quesi Nero (D19008)
Rollenmaße: 10 m x 69 cm
Rapport: 87 cm
www.dedar.it

Tres Tintas
Espiga (1962_1)
Rollenmaße: 10 m x 53 cm
Rapport: 38 cm
www.trestintas.com

Tracy Kendall
In the White Room
Rollenmaße: auf Bestellung, pro Quadratmeter
ohne Rapport
www.tracykendall.com

Sahco
Oracle (W019-03)
Rollenmaße: Meterware, Breite 122 cm
www.sahco-hesslein.com

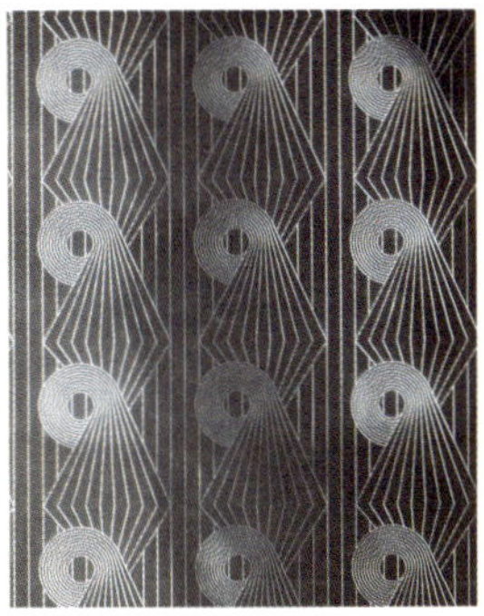

Erica Wakerly
Mini Spiral, Farbstellung: White on Black
Rollenmaße: 10 m x 52 cm
Rapport: 53 cm
www.printpattern.com

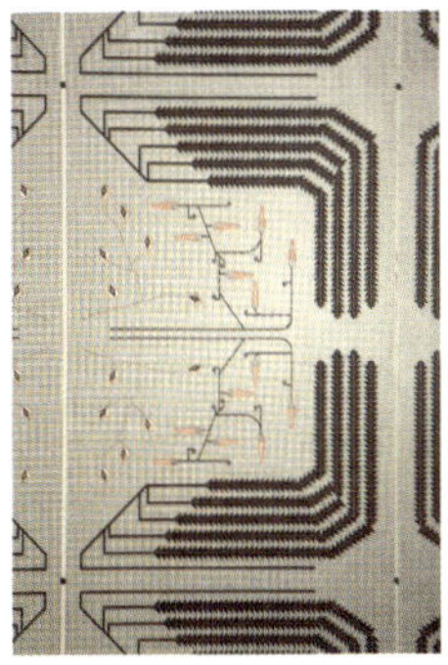

Neisha Crosland
Donegal Palm, Farbstellung: Black Rose (WV6DON-01)
Rollenmaße: 10 m x 52 cm
Rapport: 76 cm
www.neishacrosland.com

Romo
Tamino, Farbstellung: Fuchsia (W301/06)
Rollenmaße: 10 m x 52 cm
Rapport: 15,3 cm
www.romo.com

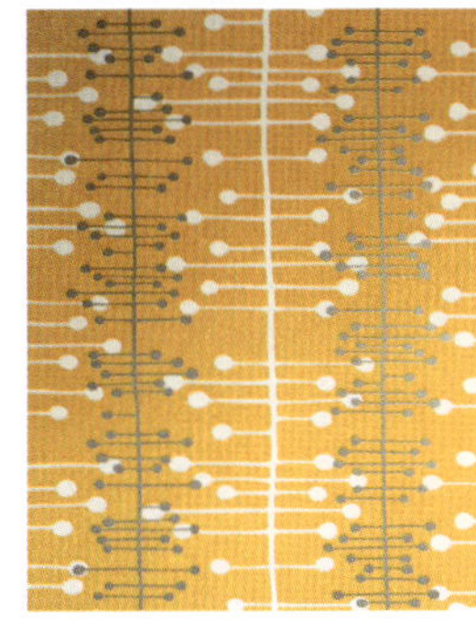

Miss Print
Muscat, Farbstellung: Yellow (MISP1019)
Rollenmaße: 10 m x 52 cm
Rapport: 52 cm (gerader Versatz)
www.missprint.co.uk

ATA Designs
Trees (ATAD1056)
Rollenmaße: 10 m x 52 cm
Rapport: 31,42 cm
www.atadesigns.com

Hugh Dunford Wood
Chevron, Farbstellung: Gatenby
Rollenmaße: 10 m x 56 cm
Rapport: 20 cm
www.handmadewallpaper.co.uk

Andrew Hardiman für Kuboaa with Siecle
Allumette, Farbstellung: Broad Bean
Rollenmaße: 10 m x 52 cm
Rapport: 54 cm (gerader Versatz)
www.kuboaa.co.uk

Harlequin
Contour (60645), Kollektion Virtue
Rollenmaße: 10 m x 52 cm
Rapport: 26 cm (gerader Versatz)
www.harlequin.uk.com

Harlequin
Vigour, Farbstellung: Silver on Black (10312), Kollektion Virtue
Rollenmaße: 10 m x 52 cm
Rapport: 52 cm (gerader Versatz)
www.harlequin.uk.com

Phillip Jeffries
Spring (3971),
Kollektion Seasons Leaf
Rollenmaße: 7,30 m x 91,5 cm
ohne Rapport
www.phillipjeffries.com

Cole & Son
Haddon Hall, Farbstellung: White on Silver Foil (CMW514), Kollektion Classix Exotic Flock
Rollenmaße: 10 m x 52 cm; Rapport: 52,5 cm
www.cole-and-son.com

Manuel Canovas für Colefax & Fowler
Cassis, Farbstellung: Fuchsia
Rollenmaße: 10 m x 52 cm
Rapport: 72 cm
www.colefax.com

Graham & Brown
Buckingham (12011), Kollektion Superfresco Paintable
Rollenmaße: 10 m x 52 cm
Rapport: 12,8 cm
www.grahambrown.com

Suzi Hoodless für Osborne & Little
Foxgloves (W5805/01), Kollektion Hot House Flowers
Rollenmaße: 10 m x 52 cm
Rapport: 30 cm
www.osborneandlittle.com

Miss Print
Fleur, Farbstellung: Lime (MISP1015)
Rollenmaße: 10 m x 52 cm
Rapport: 52 cm
www.missprint.co.uk

Harlequin
Miya, Kollektion Tamika
Rollenmaße: 10,50 m x 68,6 cm
Rapport: 76 cm
www.harlequin.uk.com

Abigail Borg
Polka Polka
Rollenmaße: 10 m x 54 cm
Rapport: 42 cm x 29,7 cm
www.abigailborg.co.uk

Sanderson
Dandelion Clocks (DOPWDA104)
Rollenmaße: 10 m x 52 cm
Rapport: 64 cm (halber Versatz)
www.sanderson-uk.com

Clarissa Hulse
Dragonfly, Farbstellung: Pewter on Neon Pink
Rollenmaße: 10 m x 52 cm
Rapport: 60 cm (halber Versatz)
www.clarissahulse.com

Clarissa Hulse
Reeds, Farbstellung: Turquoise on Chocolate
Rollenmaße: 10 m x 52 cm
Rapport: 53 cm (halber Versatz)
www.clarissahulse.com

Designers Guild
Primrose Hill, Farbstellung: Pink on Turquoise (P492/04)
Rollenmaße: 10 m x 52 cm
Rapport: 26 cm (gerader Versatz)
www.designersguild.com

Designers Guild
Maddalena, Farbstellung: Silver and Gold on Black
Rollenmaße: 10 m x 52 cm
Rapport: 64 cm (gerader Versatz)
www.designersguild.com

Jill Malek
Sleeping Briar Rose in Noir(6–2)
Rollenmaße: 4,50 m x 68,6 cm
Rapport: unbekannt
www.jillmalek.com

Florence Broadhurst für Signature Prints
Tropical Floral (FBW/FL32)
Rollenmaße: 10 m x 71 cm
Rapport: 60,95 cm
www.signatureprints.com.au

Jocelyn Warner
Treetops, Farbstellung: Silver (JWP-1104)
Rollenmaße: 10 m x 68,5 cm
Rapport: 72 cm
www.jocelynwarner.com

Nine Campbell für Osborne & Little
Famille Rose (NCW2070-08)
Rollenmaße: 10 m x 52 cm
Rapport: 36 cm
www.osborneandlittle.com

Pip für Eijffinger
Chinese Rose (386035)
Rollenmaße: 10 m x 53 cm
Rapport: 53 cm
www.eijffinger.nl

Timorous Beasties
Thistle, Farbstellung: Ivory, Kollektion Superwide (SWP/THL/IVY/01)
Rollenmaße: Meterware, Breite 135 cm
Rapport: 93 cm
www.timorousbeasties.com

Timorous Beasties
Thistle, Farbstellung: Silver on Ivory, Kollektion Superwide (SWP/THL/IVY/02)
Rollenmaße: Meterware, Breite 135 cm
Rapport: 93 cm
www.timorousbeasties.com

Eijffinger
Paraiso (385072)
Rollenmaße: 10 m x 53 cm
Rapport: 13,3 cm
www.eijffinger.nl

Nancy Burgess für Studio Printworks
Grand Pauline in Golden Age (SPW-W1044-08)
Rollenmaße: 4,50 m x 68,6 cm
Rapport: 64,1 cm
www.studioprintworks.com

Fromental
Chinon, Farbstellung: Cook (F009)
Rollenmaße: auf Bestellung
ohne Rapport
www.fromental.co.uk

Claire Coles
Garden Scene 1
Rollenmaße: Länge 3 m, Details nach Vereinbarung
ohne Rapport
www.clairecolesdesign.co.uk

Studio Printworks
Fern, Farbstellung: Villa (SPW-1020-02)
Rollenmaße: 4,50 m x 68,6 cm
Rapport: 54,6 cm
www.studioprintworks.com

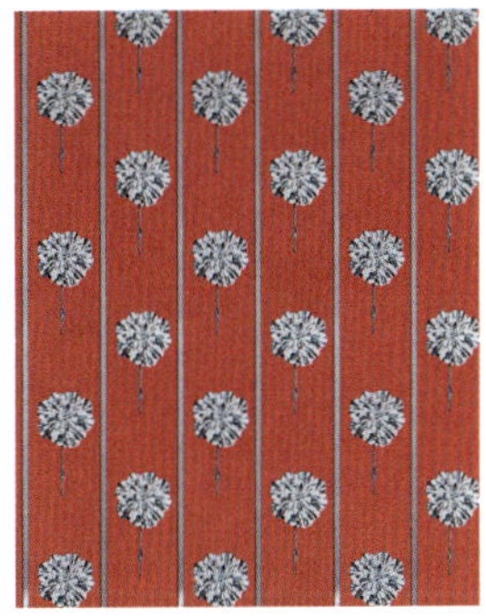

Manuel Canovas für Colefax & Fowler
Clara, Farbstellung: Argent
Rollenmaße: 10 m x 52 cm
Rapport: 52 cm
www.manuelcanovas.com

Watts of Westminster
Percival (W0099-04)
Rollenmaße: 10 m x 62 cm
Rapport: 183 cm
www.wattsofwestminster.com

Farrow & Ball
St Antoine, Farbstellung: Blue on Grey (BP 951)
Rollenmaße: 10 m x 53 cm
Rapport: 85 cm
www.farrow-ball.com

Lorca für Osborne & Little
Cattleya (MLW2066-03)
Rollenmaße: 10 m x 52 cm
Rapport: 52 cm (halber Versatz)
www.osborneandlittle.com

Lorca für Osborne & Little
Ninfa (MLW2060-06)
Rollenmaße: 10 m x 52 cm
Rapport: 61 cm (gerader Versatz)
www.osborneandlittle.com

Lorca für Osborne & Little
Imperia (MLW2061-01)
Rollenmaße: 10 m x 52 cm
Rapport: 52 cm (gerader Versatz)
www.osborneandlittle.com

Kirk Brummel
Boca Chica – Positive, Farbstellung: Red on White (BOCP-W1-166)
Rollenmaße: 4,50 m x 68,5 cm
Rapport: unbekannt
www.brunschwig.com

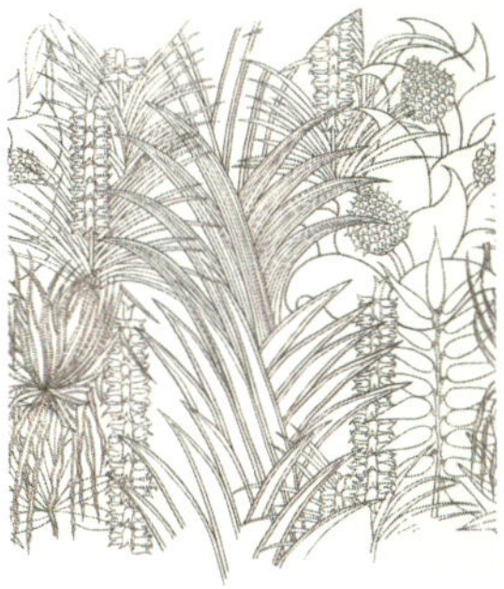

Billy McCarthy für Kirk Brummel
Luxuriants Tracery, Farbstellung: Brown on Cream, Kollektion In Search of Unicorns
Rollenmaße: 4,50 m x 68,5 cm
Rapport: 68,5 cm
www.brunschwig.com

Lim & Handtryck
Höst, Farbstellung: Black on White (30111), Kollektion Funkis
Rollenmaße: 10 m x 47 cm
Rapport: 42 cm
www.limohandtryck.se

William Morris für Sanderson
Fruit (WR8048/1)
Rollenmaße: 10 m x 52 cm
Rapport: 54 cm (gerader Versatz)
www.william-morris.co.uk

William Morris für Sanderson
Golden Lily (WR8556/2)
Rollenmaße: 10 m x 52 cm
Rapport: 46 cm (gerader Versatz)
www.william-morris.co.uk

Tyler Hall
First Bloom, Farbstellung: Snow Bud (8205/3)
Rollenmaße: 4,50 m x 68,6 cm
Rapport: 91,4 cm
www.tyler-hall.com

Tyler Hall
Kensington Gardens (8206/4)
Rollenmaße: 4,50 m x 68,6 cm
Rapport: 67,3 cm
www.tyler-hall.com

Tyler Hall
Belgravia (8204/1)
Rollenmaße: 4,50 m x 68,6 cm
Rapport: 68,6 cm
www.tyler-hall.com

Barbara Barry für Kravet
In Bloom, Farbstellung: Chocolate (W3001-612)
Rollenmaße: 10 m x 52 cm
Rapport: 70 cm
www.barbarabarry.com/kravet.com

The Silk Gallery Ltd
Bouquet and Ribbon
Rollenmaße: Breite 124 cm, Details nach Absprache
Rapport: 90 cm
www.thesilkgallery.com

Josef Frank für Svenskt Tenn
Krysantemer (809-52), Farbstellung: Yellow (816)
Rollenmaße: 12,20 m x 53 cm
Rapport: 64 cm
www.svenskttenn.se

Emery & Cie.
Herbes Folles (Motiv 1 auf Fond 77)
Rollenmaße: auf Bestellung
Rapport: 175 cm hoch x 85 cm breit
www.emeryetcie.com

Miss Print
Saplings , Farbstellung: Gold on Turquoise (MISP1012)
Rollenmaße: 10 m x 52 cm
Rapport: 13 cm (Viertelversatz)
www.missprint.co.uk

Neisha Crosland
Currant Leaf, Farbstellung: Polar (WV6CUR-02)
Rollenmaße: 10 m x 52 cm
Rapport: 60 cm
www.neishacrosland.com

Neisha Crosland
Firework Flowers, Farbstellung: Moss Pink (WV6FIR-03)
Rollenmaße: 10 m x 68,5 cm
Rapport: 61 cm
www.neishacrosland.com

Natasha Marshall für Today Interiors
Bloom, Farbstellung: Gold (ATW549)
Rollenmaße: 10 m x 52 cm
Rapport: 76 cm
www.natashamarshall.co.uk

Harlequin
Iola, Farbstellung: Hot Pink (75644), Kollektion Arkona
Rollenmaße: 10 m x 52 cm
Rapport: 52 cm
www.harlequin.uk.com

The Little Greene Paint Co
Great Ormond Street, Farbstellung: Verditure (277GTVERDI)
Rollenmaße: 10,05 m x 52 cm
Rapport: 61 cm (halber Versatz)
www.thelittlegreene.com

Madison & Grow
Eloise, Farbstellung: Leaves at Night
Rollenmaße: 13,70 m x 68,6 cm
Rapport: 81,3 cm
www.madisonandgrow.com

Harlequin
Florian, Farbstellung: Gold on Black (60778), Kollektion Arkona
Rollenmaße: 10 m x 52 cm
Rapport: 52 cm
www.harlequin.uk.com

Harlequin
Kimiko (35616), Kollektion Tamika
Rollenmaße: 10 m x 52 cm
Rapport: 46 cm (gerader Versatz)
www.harlequin.uk.com

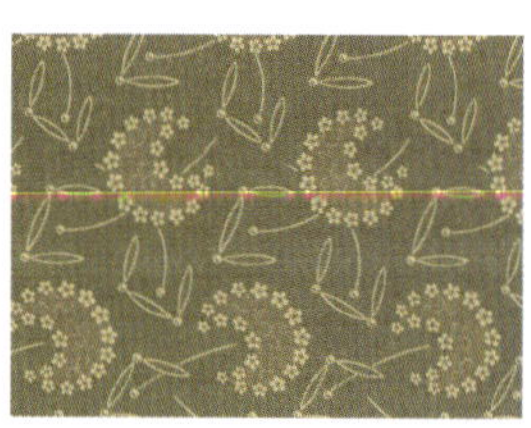

David Oliver
Mazurka, Farbstellung: Chocolate con Gusto (MAZU CHOC-326), Kollektion Orchestration
Rollenmaße: 10 m x 52 cm
Rapport: 7,57 cm
www.paintlibrary.co.uk

David Oliver
Opium, Farbstellung: Sugar Pink (OPIU SUGA-090), Kollektion Liberation
Rollenmaße: 10 m x 52 cm
Rapport: 53 cm
www.paintlibrary.co.uk

Ella Doran
Sunlight Through Leaves
Rollenmaße: 10 m x 53 cm
Rapport: 30 cm
www.elladoran.co.uk

Deborah Bowness
Filing, Kollektion Salvage
Rollenmaße: 3,30 m x 56 cm
ohne Rapport
www.deborahbowness.com

Lizzie Allen
Red Buses and Black Cabs
Rollenmaße: 10 m x 55 cm; alternativ als 3-m-Bahn
ohne Rapport
www.lizzieallen.co.uk

Geoff McFetridge für Pottok
All of Us
Rollenmaße: 4,50 m x 63,5 cm
Rapport: 81,3 cm
www.pottokprints.com

Geoff McFetridge für Pottok
Little Whales
Rollenmaße: 4,50 m x 63,5 cm
Rapport: 81,3 cm
www.pottokprints.com

Geoff McFetridge für Pottok
California Flowers
Rollenmaße: 4,50 m x 63,5 cm
Rapport: 81,3 cm
www.pottokprints.com

Inke Heiland
Giraffe
Rollenmaße: 1,40 m x 100 cm
ohne Rapport
www.inke.nl

Inke Heiland
Vogeltjes
Rollenmaße: 20 cm x 25 cm pro Vogel
ohne Rapport
www.inke.nl

Charles Burger für Turnell & Gigon
Ballon de Gonesse (2232-205)
Rollenmaße: 10 m x 53 cm
Rapport: 60 cm
www.tandggroup.com

Timorous Beasties
London Toile, Farbstellung: Green
Rollenmaße: 10 m x 52 cm
Rapport: 92 cm (Viertelversatz)
www.timorousbeasties.com

Claire Coles
Running Horses
Rollenmaße: 3 m, Details nach Absprache
ohne Rapport
www.clairecolesdesign.co.uk

GP&J Baker
Songbird, Farbstellung: Multi on Gold (BW 45004/1), Kollektion Emperor's Garden
Rollenmaße: 10 m x 52 cm
Rapport: 61 cm
www.gpjbaker.com

Judit Gueth
Koi, Farbstellung: Chinoiserie (DWP0008)
Rollenmaße: 9,10 m x 45,7 cm
Rapport: 23 cm
www.juditgueth.com

Judit Gueth
Peacock, Farbstellung: Jade (DWP0001)
Rollenmaße: 9,10 m x 45,7 cm
Rapport: 23 cm
www.juditgueth.com

Richard Neas für Brunschwig & Fils
Bibliothèque, Farbstellung: Multi (14614-06)
Rollenmaße: 4,5 m x 68,6 cm
Rapport: unbekannt
www.brunschwig.com

ATA Designs
City Series (ATAD1019)
Rollenmaße: 10 m x 52 cm
Rapport: 26 cm
www.atadesigns.com

Fromental
Paradiso, Farbstellung: Ultramarine (C026)
Rollenmaße: auf Bestellung
ohne Rapport
www.fromental.co.uk

Schumacher
Chiang Mai Dragon (SKU-5001063)
Rollenmaße: 4,5 m x 68,6 cm
Rapport: 124,5 cm (halber Versatz)
www.fschumacher.com

Pottok
Apples Go Bananas
Rollenmaße: 4,50 m x 63,5 cm
Rapport: 81,3 cm
www.pottokprints.com

Hugh Dunford Wood
Rousseau, Farbstellung: Fairground
Rollenmaße: 10 m x 56 cm
Rapport: 20 cm
www.handmadewallpaper.co.uk

Absolute Zero°
Tick-Tock, Farbstellung: Snow (AZDPT005)
Rollenmaße: 10 m x 52 cm
Rapport: 53 cm (gerader Versatz)
www.minimoderns.com

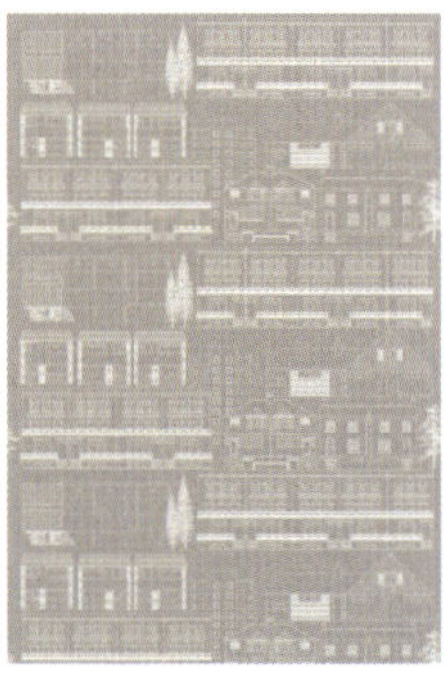

Absolute Zero°
Do You Live in a Town, Farbstellung: Milk Chocolate
Rollenmaße: 10 m x 52 cm
Rapport: 53 cm (gerader Versatz)
www.minimoderns.com

Belynda Sharples für The Art of Wallpaper
Chickens (AOW-CHI-07)
Rollenmaße: 10 m x 52 cm
Rapport: 60 cm (halber Versatz)
www.theartofwallpaper.com

Belynda Sharples für The Art of Wallpaper
Countryside Toile (AOW-COU-01)
Rollenmaße: 10 m x 52 cm
Rapport: 53 cm (halber Versatz)
www.theartofwallpaper.com

Lizzie Allen
Changing the Guards at Buckingham Palace, Farbstellung: Autum Gold;
Rollenmaße: 10 m x 55 cm
Rapport: 100 cm
www.lizzieallen.co.uk

Lizzie Allen
London City Gents, Farbstellung: Autumn
Rollenmaße: 10 m x 55 cm
Rapport: 60 cm
www.lizzieallen.co.uk

Lisa Bengtsson
Familjen (821-91)
Rollenmaße: 10 m x 53 cm
ohne Rapport
www.lisabengtsson.se

Paul Loebach für Studio Printworks
Yee-Ha!, Farbstellung: Agent Orange (SPW-W1043-09)
Rollenmaße: 4,50 m x 68,6 cm
Rapport: 33 cm
www.studioprintworks.com

Madison & Grow
Erin, Farbstellung: Peacock on Shimmer, Kollektion Pasadena
Rollenmaße: 4,50 m x 68,6 cm
Rapport: 3,6 cm (gerader Versatz)
www.madisonandgrow.com

Absolute Zero°
Sitting Comfortably?, Farbstellung: Snow (AZDPT007)
Rollenmaße: 10 m x 52 cm
Rapport: 53 cm (gerader Versatz)
www.minimoderns.com

Celia Birtwell
Beasties, Farbstellung: Red on Oyster (PW1258)
Rollenmaße: 10 m x 52 cm
Rapport: 73 cm
www.celiabirtwell.com

Ornamenta
Doves, Farbstellung: Tea Rose on Champagne (DOV8804), Kollektion Hand Printed Concept
Rollenmaße: 10 m x 53 cm
Rapport: 25 cm
www.ornamenta.com

Jill Malek
Baby Elephant Walk, Farbstellung: Red Saffron (2-3)
Rollenmaße: 10 m x 52 cm
Rapport: 53 cm (gerader Versatz)
www.jillmalek.com

Florence Broadhurst für Signature Prints
Egrets
Rollenmaße: 10 m x 71 cm
Rapport: 68,8 cm
www.signatureprints.com.au

Schumacher
Aviary (SKU-2705511)
Rollenmaße: 4,50 m x 68,6 cm
Rapport: 87,6 cm
www.fschumacher.com

Louise Body
Erotica, Farbstellung: Black on White
Rollenmaße: 10 m x 52 cm
Rapport: 76 cm
www.louisebodywallprint.com

Marthe Armitage
Jungle Birds, Farbstellung: Black
Rollenmaße: 10 m x 58 cm
Rapport: unbekannt
www.hamiltonweston.com

Garin für Brian Lawrence
Wallpaper Toile (CTWP1BK)
Rollenmaße: 10 m x 58,5 cm
Rapport: 59,6 cm
www.brianlawrence.net

Cath Kidston
Boat, Farbstellung: Multi on White
Rollenmaße: 10 m x 52 cm
Rapport: 61 cm (halber Versatz)
www.cathkidston.co.uk

Endless Wallpaper
Capitonné, Farbstellung: Green
Rollenmaße: 1 m oder 3 m x 46,5 cm
Rapport: unbekannt
www.endless-wallpaper.de

Mod Green Pod
Butterfly Jubilee (SKU02003011)
Rollenmaße: 4,50 m x 68,6 cm
Rapport: 69,9 cm x 68,6 cm
www.modgreenpod.com

Tracy Kendall
Fork, Kollektion Eat
Rollenmaße: 3,50 m x 55 cm
ohne Rapport
www.tracykendall.com

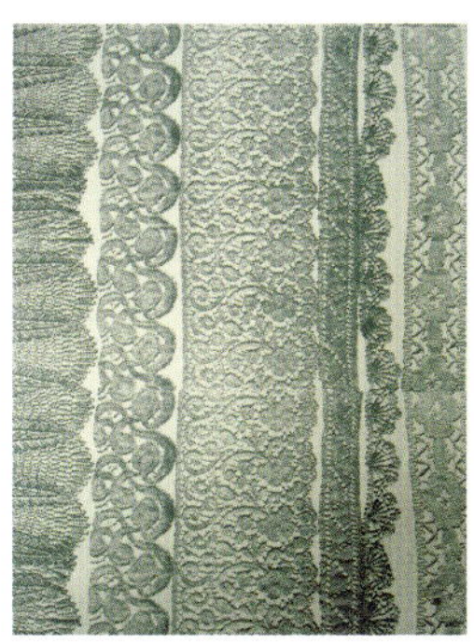

Louise Body
Marney's Lace, Farbstellung: Charcoal
Rollenmaße: 10 m x 52 cm
Rapport: 43 cm
www.louisebodywallprint.com

Ella Doran
Stacks and Stripes
Rollenmaße: 10 m x 53 cm
Rapport: 30 cm
www.elladoran.co.uk

Ella Doran
Sunlight Through Leaves
Rollenmaße: 10 m x 53 cm
Rapport: 30 cm
www.elladoran.co.uk

Marthe Armitage
Manor House, Farbstellung: Green
Rollenmaße: 10 m x 58 cm
Rapport: unbekannt
www.hamiltonweston.com

Endless Wallpaper
Paradise Lila (eine von vier Bahnen)
Rollenmaße: 2 m x 46,5 cm
ohne Rapport
www.endless-wallpaper.de

De Gournay
North American River View
Rollenmaße: auf Bestellung
ohne Rapport
www.degournay.com

Osborne & Little
Best in Show, Farbstellung: Black on White (W5872-01)
Rollenmaße: 10 m x 52 cm
Rapport: 21 cm
www.osborneandlittle.com

Cole & Son
Woods (69/12151) aus der Contemporary II Kollektion
Rollenmaße: 10 m x 52 cm
Rapport: 72 cm (halber Versatz)
www.cole-and-son.com

Dominic Crinson
Londonscape, Kollektion Murals
Rollenmaße: auf Bestellung
ohne Rapport
www.crinson.com

Piero Fornasetti für Cole & Son
Mediterranea (77/5016), Kollektion Fornasetti
Rollenmaße: 10 m x 52 cm
Rapport: 76 cm (halber Versatz)
www.cole-and-son.com

Fromental
Mille Fleurs, in Indigo (E017)
Rollenmaße: auf Bestellung
ohne Rapport
www.fromental.co.uk

Fromental
Nonsuch, Farbstellung: Unconscious Style on Moongold Silk (UC001)
Rollenmaße: auf Bestellung
ohne Rapport
www.fromental.co.uk

Tapeten in Raumbeispielen

Für die im Buch gezeigten Gestaltungsbeispiele folgen hier die ermittelbaren Angaben zu Hersteller und Designer sowie die Bezeichnung des Dessins und/oder die Artikelnummer, Rollenmaße, Rapporthöhe, überdies die Internetadresse des Herstellers sowie die Abbildungsrechte der Tapetenmuster. Im Fall fehlender Angaben ist der Verlag dankbar für die Mitteilung von Informationen, die in einer folgenden Auflage ergänzt werden können.

Seite 11 i.e.Wallpaper, *Vortex* (IEV-105-VORTEX) aus der Kollektion Silhouette, 10 m x 52 cm, Rapport 52 cm, www.interiors-europe.co.uk
Seite 15 Flavor Paper, *Flower of Love*, Farbstellung: Raspberry Sorbet, 4,57 m x 68,5 cm, Rapport 142,25 cm, www.flavorleague.com
Seite 17 (links oben) Cole & Son, *Damask Flock On Silver Foil* (68/1006), aus der Kollektion Classix Exotic Flock, 10 m x 52 cm, Rapport 52,5 cm, www.cole-and-son.com
Seite 17 (links unten) Cole & Son, *Haddon Hall Flock On Silver Foil* (cmw514)aus der Kollektion Classix Exotic Flock, 10 m x 52 cm, Rapport 52,5 cm, www.cole-and-son.com
Seite 17 (rechts) Cole & Son, *Albany Damask Flock On Silver Foil* (70/1002) aus der Kollektion Classix Exotic Flock, 10 m x 52 cm, Rapport 53 cm, www.cole-and-son.com
Seite 18 (links oben) Lederbespannung von Michela Curetti für Le Qr, Sonderanfertigung, www.leqr.it
Seite 18 (links unten) Tracy Kendall, *Sequins*, ohne Rapport, www.tracykendall.com
Seite 19 Hemingway Design für Graham & Brown, *Concrete* (57144), 10 m x 52 cm, ohne Rapport, grahambrown.com
Seite 20 (links oben) Maya Romanoff, *Mother of Pearl Chevron*, Wandfliese 45,5 cm x 45,5 cm, ohne Rapport, www.mayaromanoff.com
Seite 20 (links unten) Maya Romanoff, *True Metals Trapezoid*, Wandfliese 30,5 cm x 30,5 cm, ohne Rapport, www.mayaromanoff.com
Seite 20 (rechts) Maya Romanoff, *Precious Metals*, 7,30 m x 96,5 cm, ohne Rapport, www.mayaromanoff.com
Seite 21 Deborah Bowness, *Patterned Illusion* aus der Kollektion Illusions of Grandeur, 3,30 m x 54 cm, ohne Rapport, www.deborahbowness.com
Seite 22 (links unten) Hemingway Design für Graham & Brown, Red Brick (57146), 10 m x 52 cm, Rapport 53 cm, www.grahambrown.com
Seite 22 (rechts) Graham & Brown, *Wood Effect*, 10 m x 52 cm, Rapport 53 cm, www.grahambrown.com
Seite 23 A.W.N. Pugin für Cole and Son, *Gothic Lily*, 10 m x 52 cm (Mindestbestellung 10 Rollen), www.cole-and-son.com
Seite 24: Osborne & Little, *Minaret* (W551/04), 10 m x 68,5 cm, Rapport 45,5 cm, www.osborneandlittle.com
Seite 25 (links) Ferm Living, *Feather*, 10 m x 53 cm, Rapport 26,5 cm, www.ferm-living.com
Seite 27 (links oben) Margaret Hildebrand für Rasch, *Studie* (1949), www.rasch.de
Seite 27 (links unten) Heinrich Siepmann & Junger Westen für Rasch, Originalentwurf (ca. 1955) eines Tapetenmusters, www.rasch.de
Seite 27 (rechts) Skinkichi Tajiri für Rasch, *Louisiana* (1955), www.rasch.de
Seite 28 (links oben) David Oliver, *Liberation*, Farbstellung: Buff, aus der Kollektion Liberation, 10 m x 52 cm, Rapport 53 cm, www.paintlibrary.co.uk
Seite 28 (links unten) David Oliver, *Crystal*, Farbstellung: Face Powder, aus der Kollektion Débutantes, 10 m x 52 cm, Rapport 53 cm, www.paintlibrary.co.uk
Seite 28 (rechts) David Oliver, *Liberation*, Farbstellung: Vanilla, aus der Kollektion Liberation, 10 m x 52 cm, Rapport 53 cm, www.paintlibrary.co.uk
Seite 29 Klassische Tapete aus den 1970er Jahren, vom Eigentümer in Italien erworben
Seite 30 (oben) Jocelyn Warner, *Kaleido*, Farbstellung: Pink (JWP-802), 10 m x 52 cm, Rapport 20,53 cm, www.jocelyn-warner.com
Seite 31 (Einsatzbild) Graham & Brown, *Vogue* (18067), aus der Kollektion Superfresco, 10 m x 50 cm, Rapport 64 cm, www.grahambrown.com
Seite 31 (links unten) Graham & Brown, aus der Kollektion Superfresco, 10 m x 50 cm, Rapport 64 cm, www.grahambrown.com

Seite 81 Rapture and Wright, *Waimea*, Farbstellung: Clove, 10 m x 52 cm, Rapport 63 cm, www.raptureandwright.co.uk
Seite 86 (unten) Eijffinger, Kollektion Flo, www.eijffinger.nl
Seite 87 Rapture and Wright, *Waimea*, Farbstellung: Clove, 10 m x 52 cm, Rapport 63 cm, www.raptureandwright.co.uk
Seite 88 (links oben) Josef Frank für Svenskt Tenn, *Varklockor*, Farbstellung: White, 10 m x 53 cm, Rapport 56 cm, www.svenskttenn.se
Seite 88 (links unten) Josef Frank für Svenskt Tenn, *Varklockor*, Farbstellung: Black, 10 m x 53 cm, Rapport 56 cm, www.svenskttenn.se
Seite 88 (rechts) Josef Frank für Svenskt Tenn, *Krysantemer*, Farbstellung: Red, 12,20 m x 53 cm, Rapport 64 cm, www.svenskttenn.se
Seite 89 (oben, als Wandpaneel) Designers Guild, *Imperial Flower*, Farbstellung: Black and White, 10 m x 52 cm, Rapport 60 cm, www.designersguild.com
Seite 89 (Paneel unter der Sockelleiste) Designers Guild, *Cloisonné*, Farbstellung: Black and White, 10 m x 52 cm, Rapport 91 cm, www.designersguild.com
Seite 91 (hintere Wand) Designers Guild, *Amalienborg*, Farbstellung: Amethyst, 10 m x 52 cm, Rapport 69 cm, www.designersguild.com
Seite 91 (vordere Wand) Designers Guild, *Marionlyst*, Farbstellung: Gold, 10 m x 52 cm, Rapport 64 cm, www.designersguild.com
Seite 93 (oben links) Sanderson, Beispiel aus der Kollektion Triad, www.sandersonfabrics.com
Seite 93 (rechts) Sanderson, *Ivy*, aus der Kollektion Triad, www.sandersonfabrics.com
Seite 95 (vordere Wand) Designers Guild, *Corazon*, Farbstellung: Schiaparelli, 10 m x 52 cm, Rapport 53 cm, www.designersguild.com
Seite 96 (links) Cole & Son, *Woods* (69/12150) aus der Kollektion Contemporary II, 10 m x 52 cm, Rapport 72 cm, www.cole-and-son.com
Seite 97 (links oben) Neisha Crosland, *Flamenco*, Farbstellung: Pearl Grey (WV5FLA02), aus der Kollektion Papers Five, 10 m x 68,5 cm, Rapport 48 cm, www.neishacrosland.com
Seite 97 (links Mitte) Neisha Crosland, *Bird Tree*, Farbstellung: Canary Yellow, aus der Kollektion Papers Three, 10 m x 52 cm, Rapport 60 cm, www.neishacrosland.com
Seite 97 (links unten) Neisha Crosland, *Currant Leaf*, Farbstellung: Cedar Green (WV6CUR-01), aus der Kollektion Papers Six, 10 m x 52 cm, Rapport 60 cm, www.neishacrosland.com
Seite 97 (rechts unten) Neisha Crosland, *Bird Tree*, Farbstellung: Cockatoo Red aus der Kollektion Papers Three, 10 m x 52 cm, Rapport 60 cm, www.neishacrosland.com
Seite 98 (links oben) Florence Broadhurst, *Egrets*, Farbstellung: Keyline Oriental Blue & Smalt (FBW/BO28), aus der Kollektion Blueprints, 10 m x 71 cm, Rapport 67,5 cm, www.signatureprints.com.au
Seite 98 (links Mitte) Florence Broadhurst, *Japanese Floral*, Farbstellung: Stormy Seas (FBW/CO07), 10 m x 61 cm, Rapport 61 cm, www.signatureprints.com.au
Seite 98 (links unten) Florence Broadhurst, *Floral 100*, Farbstellung: Distant Cloud (FBW/BO89), 10 m x 71 cm, Rapport 58,9 cm, www.signatureprints.com.au
Seite 98 (rechts) Florence Broadhurst, *Floral 300*, Farbstellung: Chalk Blue (FBW/BO93), 10 m x 71 cm, Rapport 60,9 cm, www.signatureprints.com.au
Seite 100 Cole & Son, *Rococo Leopard* (72/8031) aus der Kollektion Patina, 10 m x 52 cm, Rapport 72 cm, www.cole-and-son.com
Seite 101 Cole & Son, *Rococo Leopard* (72/8031) aus der Kollektion Patina, 10 m x 52 cm, Rapport 72 cm, www.cole-and-son.com
Seite 102 Timorous Beasties, *Thistle*, Farbstellung: Black on Ivory (SWP/THL/IVY/01), Meterware auf Bestellung, Breite 135 cm, Rapport 93 cm, www.timorousbeasties.com
Seite 104 (links oben) Designers Guild, *Margot*, Farbstellung: Acacia (P503/03/C), 10 m x 52 cm, Rapport 80 cm, www.designersguild.com
Seite 104 (links unten) Designers Guild, *Eldridge*, 10 m x 52 cm, Rapport 64 cm, www.designersguild.com
Seite 104 (rechts) Designers Guild, *Margot*, Farbstellung: Acacia (P503/03/C), 10 m x 52 cm, Rapport 80 cm, www.designersguild.com
Seite 105 (links oben) Ferm Living, *Family Tree* (127), 10 m x 53 cm, Rapport 53 cm, www.ferm-living.com
Seite 105 (links unten) Ferm Living, *Family Tree* (126), 10 m x 53 cm, Rapport 53 cm, www.ferm-living.com
Seite 105 (rechts) Ferm Living, *Ribbed* (118), 10 m x 53 cm, Rapport 53 cm, www.ferm-living.com
Seite 106 (links) Kirk Brummel für Brunschwig & Fils, *Luxuriants on Paper*, Farbstellung: Grape/Chartreuse/Pink on White (LUXU-W7-761), 4,50 m x 68,6 cm, Rapport 68,6 cm, www.brunschwig.com
Seite 106 (rechts) Kirk Brummel für Brunschwig & Fils, *Shawnee*, www.brunschwig.com
Seite 107 Cole & Son, *Lily* (69/3113), aus der Kollektion Contemporary II, 10 m x 52 cm, Rapport 76 cm, cole-and-son.com
Seite 108 Osborne & Little, *Edo* (W5226/05) aus der Kollektion Sakura, 10 m x 52 cm, Rapport 72 cm, www.osborneandlittle.com
Seite 109 Farrow & Ball, *Saint Antoine* (BP910), 10 m x 53 cm, Rapport 85 cm, www.farrow-ball.com
Seite 110 (oben) Schumacher, *Trelliage Imperial Trellis*

(2707212), 12,30 m x 68,8 cm, Rapport 35,6 cm, www.fschumacher.com
Seite 111 Zuber & Cie, Pomme Jeune by Mauny, www.zuber.fr
Seite 164 Fromental, *Embroidered Millefleurs*, Farbstellung: Odyssey, auf Bestellung, ohne Rapport, www.fromental.com
Seite 165 Deborah Bowness, *Genuine Fake Bookshelf*, 3,30 m x 54/56 cm, ohne Rapport, www.deborahbowness.com
Seite 166 (links oben) Dorkenwald Spitzer, *Sacco* aus der Kollektion Wall Furniture, 1,80 m x 2,20 m, ohne Rapport, www.dorkenwaldspitzer. com
Seite 166 (Mitte) Dorkenwald Spitzer, *85 Lamps* aus der Kollektion Wall Furniture, 1,80 m x 2,20 m, ohne Rapport, www.dorkenwald-spitzer.com
Seite 166 (unten) Dorkenwald Spitzer, *LC2* aus der Kollektion Wall Furniture, 1,80 m x 2,20 m, ohne Rapport, www.dorkenwaldspitzer.com
Seite 167 (links oben) Deborah Bowness, *Rose Dress* aus der Kollektion Wallpaper Frocks, 3,30 m x 56 cm, ohne Rapport, www.deborahbowness.com
Seite 167 (links unten) Tracy Kendall, *Open Feather* und Slim Feather, 2,15 m x 55 cm, ohne Rapport, www.tracykendall.com
Seite 167 (rechts) Deborah Bowness, *Kim's Lamp* aus der Kollektion Standard Lamp Wallpaper, 1,80 m x 52 cm, ohne Rapport, www.deborahbowness.com
Seite 168 (links oben) Roger Nicholson für Lightbown and Aspinall, *Hopscotch* (1955)
Seite 168 (links unten) Roger Nicholson für Lightbown and Aspinall, *Locomotion* (1958)
Seite 168 (rechts) Roger Nicholson für Lightbown and Aspinall, *Hopscotch* (1955)
Seite 169 Tracy Kendall, *Plates* aus der Kollektion Stack, Breite 46,5 cm, Meterware auf Bestellung, ohne Rapport, www.tracykendall.com
Seite 170 Gracie Studio, Chinesische Landschaften, handgemalt, www.graciestudio.com
Seite 171 (oben) Surface View, *Lady of the Orient* aus der Kollektion Lost Classics als Wandbild, Original: Sammlung Land of Lost Content, www.surfaceview.co.uk
Seite 171 (unten links) *LC2* aus der Kollektion Wall Furniture von Dorkenwald Spitzer, 1,80 m x 220 cm, ohne Rapport, www.dorkenwald-spitzer.com
Seite 171 (unten rechts) Fotofries von David Lee, Photographic Interiors, www.photographicinteriors.com
Seite 172 (großes Foto) Martine Aballe, Sonderanfertigung, Sondergröße, ohne Rapport
Seite 173 (links) Surface View, *Bespoke Vinyl Wall*, ohne Rapport, www.surfaceview.co.uk
Seite 175 E.W. Moore, Code C810 aus der Kollektion Wallposters, 2,64 m x 3,96 m, ohne Rapport, www.ewmoore.com
Seite 176 (links oben) Fromental, *Floribunda*, Farbstellung: Blue Light, auf Bestellung, ohne Rapport, www.fromental.co.uk
Seite 176 (links unten) Fromental, *Paradiso*, Farbstellung: Kelly, auf Bestellung, ohne Rapport, fromental.co.uk
Seite 176 (rechts) Fromental, *Paradiso*, Farbstellung: Mustard Grass, auf Bestellung, ohne Rapport, www.fromental.co.uk
Seite 177 Cole & Son, *Flamingos* (66/6044), 10 m x 52 cm, Rapport 72 cm, www.cole-and-son.com
Seite 178 De Gournay, *North American River View*, auf Bestellung, ohne Rapport, www.degournay.com
Seite 179 Zuber et Cie, *Hindoustan*, Anfertigung auf Bestellung, ohne Rapport, www.zuber.fr
Seite 180 Fromental, *Paradiso*, Farbstellung: Mustard Grass, auf Bestellung, ohne Rapport, www.fromental.co.uk
Seite 181 (links oben) Gracie, *SY-233*, Paneel 3 m x 91 cm, andere Größen auf Bestellung, ohne Rapport, www.graciestudio.com
Seite 181 (links unten) Gracie, *SY-223*, Paneel 3 m x 91 cm, andere Größen auf Bestellung, ohne Rapport, www.graciestudio.com
Seite 181 (rechts) Gracie, *SY-232*, Paneel 3 m x 91 cm, andere Größen auf Bestellung, ohne Rapport, www.graciestudio.com
Seite 182 (oben links) Celia Birtwell, *Beasties*, Farbstellung: Red on Oyster (PW1258), 10 m x 52 cm, Rapport 73 cm, www.celiabirtwell.com
Seite 182 (unten links und rechts) Celia Birtwell, *Jacobean at Night* (PW257), 10 m x 52 cm, Rapport 61 cm, www.celia birtwell.com
Seite 183 (links) *Les Toiles Villageoise*

Bezugsquellen

Deutsche Adressen

A. S. Création Tapeten
Südstraße 47
D-51645 Gummersbach
Tel.: +49 2261-542-0
www.as-creation.de
www.tapetenshop.de

Berlintapete GmbH
Großbildverlag und Online-marketing
Kollwitzstr. 80
D-10435 Berlin
Tel.: +49 30-44 04 20 53
www.berlintapete.de

Böhmler Einrichtungshaus
Tal 11
D-80331 München
Tel.: +49 89-21 36-0
www.boehmler.de

Chivasso
Potsdamer Straße 160
D-33719 Bielefeld
Tel.: +49 521-23 83 90
www.chivasso.com

Colefax & Fowler
Georgenstraße 34
D-80799 München
Tel: +49 89-33 99 720
www.colefax.com

Designers Guild
Ottostraße 5
D-80333 München
Tel.: +49 1805-24 43 44
(12 ct/Minute)
www.designersguild.com
Tapeten, Farben, Stoffe

Deutsches Tapeten-Institut
Berliner Allee 61
D-40212 Düsseldorf
Tel.: +49 211-86 28 64-11
www.tapeten-institut.de
Produktinformationen und Anleitungen für Heimwerkerarbeiten

Erfurt & Sohn
Hugo-Erfurt-Straße 1
D-42399 Wuppertal
Tel.: +49 202-61 100
www.erfurt.com
www.tapetenkuenstler.de

Extratapete
Sredzkistraße 58
D-10405 Berlin
Tel.: +49 30-26 15 729
www.extratapete.de
Gestaltung und Produktion moderner Tapeten, auch Auftragsproduktion nach Kundenwunsch

Fuggerhaus Stoffe
Schopenhauerstr. 13
D-14129 Berlin
Tel.: +49 30-80 40 47 70
www.fuggerhaus.de

Graham & Brown
Glockengießerwall 26
D-20095 Hamburg
Tel.: +49 40-32 59 39 03
www.grahambrown.de
Verschiedene Verkaufsstellen in Deutschland

hausen – waren mit charme
Gladbacher Str. 35
D-50672 Köln
Tel.: + 49 221-29 48 455
www.5qm.de
Original-/Vintage-Tapeten der 50er, 60er und 70er

Hembus Tapeten Manufaktur
Palleskestraße 3
D-65929 Frankfurt/M.
Tel.: +49 69-23 20 60
www.historische-tapeten.de

Indes Wohntextil
Eichendorffstr. 2
D-51709 Marienheide
Tel.: +49 2264-20 135 700
www.indes.de

Johnny-Tapete
Dinnendahlstr. 8
D-45136 Essen
Tel.: +49 201-61 24 647
www.johnny-tapete.de
Original Vintage-Tapeten

KA International
Königstraße 4
D-30175 Hannover
www.ka-international.de
Tel.: +49 511-38 85 007
Weitere 27 Shops in Deutschland

Marburger Tapetenfabrik
Bertram-Schaefer-Straße 11
D-35274 Kirchhain
Tel.: +49 6422-81-0
www.marburg.com
Hightech-Tapete, Naturmaterialien, Kinderzimmertapeten (erhältlich über zahlreiche Händler in ganz Deutschland)

Rasch
Raschplatz 1
D-49565 Bramsche
Tel.: +49 5461-81 10
www.rasch.de
Grafische Designtapeten von Bauhaus bis zu den psychedelischen 60ern

roomzone.de
Waterloo 18
D-81476 München
www.roomzone.de
Versand für (Foto-)Tapeten

TapetenAgentur
C. Malz & M. König
Jakobstraße 66
D-50678 Köln
Tel.: +49 221-93 28 182
www.tapetenagentur.de
Große Auswahl internationaler Designs und aktueller Entwürfe

Tapeten der 70er
Sven Rohleder
Naitschau 42
D-07957 Langenwetzendorf
Tel.: +49 36625-50 556
www.tapetender70er.de
Authentische Designs zum Bestellen

Der Tapetenkeller
Budapester Str. 51
D-20359 Hamburg
Tel.: +49 40- 43 96 422
www.tapetenkeller.de

tapetenkuenstler.de
Benoit Tremsal
Am Hägen 8
D-53783 Eitorf
Tel.: +49 2243-91 61 67
www.tapetenkuenstler.de

Die Wäscherei
Jarrestraße 58
D-22303 Hamburg
Tel.: +49 40- 27 15 070
www.die-waescherei.info

Englische Adressen

Borderline fabrics
Chelsea Harbour Design
Centre Unit 12, 3rd Floor
GB-London, SW10 OXE
Tel.: +44 207-82 33 567
www.borderlinefabrics.com

Cole & Son Ltd
Ground Floor 10
Chelsea Harbour Design
Centre
Lots Road
GB-London, SW10 OXE
Tel.: +44 207-37 64 628
www.cole-and-son.com

Farrow & Ball
Uddens Estate
Wimborne
GB-Dorset BH21 7NL
United Kingdom
www.farrow-ball.com
Über verschiedene Händler auch in Deutschland erhältlich

Hanna
www.byhanna.com

Harlequin Harris Showroom
Chelsea Harbour Design
Centre
GB-London SW10 0XE
Tel: +44 844-54 30 200
www.harlequin.co.uk

Interiors Europe
i.e... wallpaper & fabric Ltd
Neptune House
2 Portsmouth Road
GB-Kingston-Upon-Thames
Surrey, KT1 2LU
Tel: +44 208-54 94 321
www.interiors-europe.co.uk
Zeitgenössische Tapeten

Laura Ashley
27 Bagleys Lane
Fulham
GB-London, SW6 2QA
Tel: +44 207-88 05 100
www.lauraashley.com

Osborne & Little
26 Osiers Road
GB-London, SW 18 1NH
Tel. +44 208-81 23 030
www.osborneandlittle.com
Stoffe, Tapeten (weitere Filialen in London, Verkaufsstellen in ganz Deutschland)

Sanderson
Unit G9
Chelsea Harbour Design
Centre
GB-London, SW10 OXE
Tel.: +44 870-83 00 066
www.sanderson-online.co.uk

Signature Prints
PO Box 91
Rosebery (Sydney) NSW
1445
Australia
Tel.: +61-2-83 38 84 00
www.signatureprints.com.au
Hochwertige Textilien und Tapeten

Timorous Beasties
7 Craigend Place
GB-Glasgow, G13 2UN
Tel.: +44 0141-95 93 331
www.timorousbeasties.co.uk
Zeitgemäße Wiederauflage barocker und anderer historischer Tapeten

Bildnachweis

Der Verlag dankt den folgenden Fotografen, Agenturen und Herstellern für die freundliche Reproduktionsgenehmigung:

11 Sean Myers/Media10 Images; **14** Ray Main/Mainstream Images; **15** Giulio Oriani/Vega Mg; **16** Ed Reeve/Red Cover; **17** courtesy of Cole & Son Ltd; **18 oben** Jonas von der Hude/Schöner Wohnen/ Camera Press; **18 unten links** Beth Evans (Tracy Kendall); **18 unten rechts** Hotze Eisma/Taverne Agency; **19** Rachael Smith/courtesy of Graham & Brown; **20** courtesy of Maya Romanoff; **21** courtesy of Deborah Bowness; **22 oben links** courtesy of Fromental; **22 unten links** courtesy of Graham & Brown; **22 rechts** Mel Yates/ Living Etc/IPC+ Syndication; **23** courtesy of Cole & Son; **24** Bieke Claessens/ Red Cover; **25 links** Bjarni B. Jacobsen (Stylist: Anette Eckmann)/ Pure Public; **25 rechts** Juan Hitters (Architektur, Interior und Möbeldesign: Paula Lavarello)/Sur Press Agency; **26 links** Christophe Dugied/Madame Figaro/ Camera Press; **26 rechts** Bjarni B. Jacobsen (Stylist: Anette Eckmann)/Pure Public; **27** courtesy of Rasch; **28** courtesy of Paint and Paper Library; **29** A. Ianniello/Studiopep; **30 oben** Edina van der Wyck/Media 10 Images; **30 unten** Richard Powers (Designer: Nathan Egan Interiors); **31** courtesy of Graham & Brown; **81** Claudia Dulak/Media 10 Images; **84** Richard Powers (Architect: Scott Weston Architecture Design); **85** François Halard/Trish South Management/Trunk Archive; **86 oben** Ewout Huibers (Stylist: Chrissie Cremers); **86 unten** Christopher Drake/Red Cover; **87** Beth Evans (Owner: Nikki Tibbles von Wild at Heart Interiors); **88** courtesy of Svenskt Tenn; **89** courtesy of Designers Guild; **90** Nathalie Krag/ Taverne Agency; **91** Mel Yates/Living Etc/IPC+ Syndication; **92** Lorenzo Nencioni/Vega Mg; **94 oben** Alexander van Berge/Taverne Agency; **93** courtesy of Sanderson; **94 unten** Chris Tubbs/Red Cover; **95** Denise Bonenti (Stylist: Federica Foltran)/Vega Mg; **96 links** Ngoc Minh Ngo/Taverne Agency; **96 rechts** Ray Main/Mainstream Images; **97 unten links** Jan Baldwin von Pearson Lyle Management; **98** courtesy of Signature Prints; **99 oben** Jan Baldwin/Narratives; **99 unten** John Dummer/Taverne Agency; **100–101** Beth Evans/Quadrille; **102** Paul Raeside/Mainstream Images; **103** Bjarni B. Jacobsen (Stylist: Anette Eckmann)/Pure Public; **104** courtesy of Designers Guild; **105** courtesy of Ferm Living; 107 Beth Evans/ Quadrille; **108 oben** Pernille Kaalund (Stylist: Louise Kamman Riising)/Pure Public; **108 unten** Jan Baldwin/Narratives; **109** M. Bayle/Philippe Garcia/MCM/ Camera Press; **110 oben** François Halard/Trish South Management/ Trunk Archive; **110 unten** Chris Tubbs (Design: Sera Hersham-Loftus)/Red Cover; **111** Andreas von Einsiedel (Design: Philip Hooper); **161** Ray Main/Mainstream Images (Design: Jo Warman); **164** Beth Evans/Quadrille; **165** Polly Eltes/Abigail Ahern/Narratives; **166 oben rechts** Tom Arban; **166 unten links und rechts** courtesy of Dorkenwald-Spitzer; **167 oben links** Liselotte Plenov/House of Pictures; **167 unten links** M. Bayle/Philippe Garcia/MCM/Camera Press; **167 rechts** courtesy of Deborah Bowness; **168** Museum of Domestic Design & Architecture, Middlesex University; **169** Beth Evans (Tracy Kendall); **170** Richard Powers (Design: Kevin Haley); **171 oben** Beth Evans (Interior Design: Gerardine & Wayne Hemingway of Hemingway Design); **171 unten links** courtesy of Dorkenwald-Spitzer; **171 unten rechts** Edina van der Wyck/Media 10 Images; **172 oben** Yannick Labrousse/MCM/Camera Press (www.hotel-particulier-montmarte.com); **172 unten** Chris Tubbs; **173 links** Mel Yates/Living Etc/IPC+ Syndication; **173 rechts** Richard Powers (Künstler: Rodrigo Bueno); **174** Hotze Eisma/Taverne Agency; **175** Paul Massey/Living Etc/IPC+ Syndication; **176** courtesy of Fromental; **177** Beth Evans/ Quadrille; **178** courtesy of De Gournay; **179** courtesy of Zuber & Cie; **180** Beth Evans/Quadrille; **181** Courtesy of Gracie; **182** Beth Evans für Celia Birtwell Ltd; **183 links** Andreas von Einsiedel (Design: Kenyon Kramer); **183 rechts** Richard Powers (Design: Jacob Blom).

Umschlag Vorderseite

1. Spalte 'Butterfly Jubilee' (SKU02003011) von Mod Green Pod / modgreenpod.com; 'Sea Thistle' in Squid Ink (01) (WV5SEA) von Neisha Crosland / neishacrosland.com; 'Paradiso' in Ultramarine (C026) von Fromental / fromental.co.uk

2. Spalte 'Fern' in Villa (SPW-1020-02) von Studio Printworks / studioprintworks.com; 'Iola' in Hot Pink (75644) aus der Arkona Collection von Harlequin / harlequin.uk.com; 'Belgravia' (8204/1) von Tyler Hall / tyler-hall.com; 'Herbes Folles' (Motiv 1 auf Fond 77) von Emery & Cie / emeryetcie.com

3. Spalte 'Kimiko' (35616) aus der Tamika Collection von Harlequin / harlequin.uk.com; 'Manchu – Turquoise' (ZFLW03005) von Zoffany / zoffany.com; 'Dragonfly' in Pewter on Neon Pink (2W-DRAGN-NE/P) von Clarissa Hulse / clarissahulse.com

Umschlag Rückseite

1. Spalte 'OPIUM' (TP 153-01-03) aus der TENUE DE SOIRÉE Collection von ÉLITIS / elitis.fr; 'Ondas' (1967/4) von Tres Tintas / trestintas.com; 'Estella' in Berkshires on Parchment aus der Pasadena Collection von Madison & Grow / madisonandgrow.com

2. Spalte 'Albany Damask Flock' (70/1002) aus der Classix Exotic Flock Collection von Cole & Son / cole-and-son.com; 'Florian' (60778) in Gold on Black von Harlequin / harlequin.uk.com; 'Komodo Vinyl Type II' in Willow (MR.FV.01667) von Maya Romanoff / mayaromanoff.com; 'Lui 01' (Art-No 010601) von extratapete GmbH /extratapete.de

3. Spalte 'Clapper' von Sally Hemphill / govindiahemphill.com; 'Globe' in Cocoa (18342) von Basso & Brooke für Graham & Brown / grahambrown.com; 'Anna' (Art-No 010501) von extratapete GmbH / extratapete.de

Der Verlag hat sich bemüht, alle Rechteinhaber zu ermitteln. Sollten dennoch Nennungen fehlen, werden sie gerne in einer folgenden Auflage ergänzt.

Die Originalausgabe erschien 2009 unter dem Titel *Wallpaper. The Ultimate Guide* bei
Quadrille Publishing Ltd, Alhambra House, 27–31 Charing Cross Road, London WC2H 0LS

© 2009 der deutschen Ausgabe
Verlag Georg D. W. Callwey GmbH & Co. KG
Streitfeldstr. 35
D-81673 München
www.callwey.de
E-Mail: buch@callwey.de

Die Deutsche Bibliothek verzeichnet diese Publikation in der Deutschen Nationalbibliografie;
detaillierte bibliografische Daten sind im Internet über <http://dnb.ddb.de> abrufbar.

ISBN 978-3-7667-1802-0

Übersetzung aus dem Englischen Claudia Arlinghaus, Münster
Redaktion und Satz der deutschen Ausgabe Textilien. Lektorat und Producing Barbara Delius, Berlin
Umschlaggestaltung Independent Medien-Design, München

Printed in China